Perspectivas do ensino
da História: teorias,
metodologias e desafios
para o século XXI

2ª edição

Perspectivas do ensino da História: teorias, metodologias e desafios para o século XXI

Carla Viviane Paulino
Romilda Costa Motta
Flávio Vilas-Bôas Trovão
Maurício Fonseca da Paz

Rua Clara Vendramin, 58 . Mossunguê . CEP 81200-170 . Curitiba . PR . Brasil
Fone: (41) 2106-4170 . www.intersaberes.com . editora@intersaberes.com

Conselho editorial
　Dr. Alexandre Coutinho Pagliarini
　Dr.ª Elena Godoy
　Dr. Neri dos Santos
　M.ª Maria Lúcia Prado Sabatella
Editora-chefe
　Lindsay Azambuja
Gerente editorial
　Ariadne Nunes Wenger
Assistente editorial
　Daniela Viroli Pereira Pinto
Edição de texto
　Caroline Rabelo Gomes

Capa
　Mayra Yoshizawa (design)
　Monkey Business Images e elodea.proteus/Shutterstock (imagens)
Projeto gráfico
　Bruno de Oliveira
Diagramação
　Estúdio Nótua
Equipe de design
　Sílvio Gabriel Spannenberg
Iconografia
　Regina Claudia Cruz Prestes

Dados Internacionais de Catalogação na Publicação (CIP)
(Câmara Brasileira do Livro, SP, Brasil)

Perspectivas do ensino da história : teorias, metodologias e desafios para o século XXI / Carla Viviane Paulino...[et al.]. -- 2. ed. -- Curitiba, PR : InterSaberes, 2024.

Outros autores: Romilda Costa Motta, Flávio Vilas-Bôas Trovão, Maurício Fonseca da Paz.
Bibliografia.
ISBN 978-85-227-0930-4

1. Aprendizagem – Avaliação 2. História – Estudo e ensino 3. História – Metodologia 4. Prática de ensino I. Paulino, Carla Viviane. II. Motta, Romilda Costa. III. Trovão, Flávio Vilas-Bôas. IV. Paz, Maurício Fonseca da.

23-184951　　　　　　　　　　　　　　　　　　　　　　　　CDD-907

Índices para catálogo sistemático:
1. História : Estudo e ensino　907

Eliane de Freitas Leite – Bibliotecária – CRB 8/8415

1ª edição, 2018.
2ª edição, 2024.
Foi feito o depósito legal.
Informamos que é de inteira responsabilidade dos autores a emissão de conceitos.
Nenhuma parte desta publicação poderá ser reproduzida por qualquer meio ou forma sem a prévia autorização da Editora InterSaberes.
A violação dos direitos autorais é crime estabelecido na Lei n. 9.610/1998 e punido pelo art. 184 do Código Penal.

Sumário

9 *Apresentação*

15 *Como aproveitar ao máximo este livro*

Capítulo 1
19 **As bases para ensinar de forma competente e organizada**

(1.1)
21 O Projeto Político-Pedagógico (PPP) e as reformas educacionais

(1.2)
31 Identificando as propostas pedagógicas das instituições de ensino

(1.3)
38 Planejamento anual

(1.4)
45 Plano de aula

(1.5)
53 Técnicas de ensino do século XXI: metodologias ativas

Capítulo 2
65 **Trabalhando com fontes históricas textuais, orais e iconográficas**

(2.1)
69 Perspectivas de correntes historiográficas sobre as fontes

(2.2)
74 Fontes textuais

(2.3)
88 Fontes orais

(2.4)
90 Fontes iconográficas e/ou visuais

Capítulo 3
109 **As mídias e o ensino de História**

(3.1)
117 O cinema nas aulas de História: uma questão secular

(3.2)
127 O que pensam os historiadores sobre o cinema?

(3.3)
132 Proposta metodológica para o uso do cinema nas aulas de História

(3.4)
137 Computador, internet e o ensino de História

Capítulo 4
151 **A avaliação do aprendizado em História: reflexão e ação**

(4.1)
157 Aspectos legais do processo avaliativo

(4.2)
164 Avaliação escolar como fenômeno pedagógico: realidades e orientações

(4.3)
179 O trabalho escolar

(4.4)
181 Outros modelos de avaliações

(4.5)
184 Correção e devolutiva

(4.6)
185 O uso de fontes e bibliografia

193 *Considerações finais*
197 *Referências*
211 *Bibliografia comentada*
219 *Respostas*
225 *Sobre os autores*

Apresentação

O ofício do professor, seja quando praticado em diferentes níveis de ensino, seja em diversos grupos sociais e culturais, exige, como sabemos, dedicação, comprometimento e constante atualização. Não basta apenas saber o conteúdo, escolher um recorte e "dar" a aula. Isso mesmo, o uso do verbo *dar* é proposital, porque, infelizmente, encontramos muitos "dadores" de aula que, despreocupados com o resultado e com o impacto, positivo ou negativo, que sua aula vai gerar nos alunos, atuam mecânica e despreocupadamente. Para estes, nossa recomendação é repensar seriamente sua atuação profissional. O professor comprometido é aquele que se preocupa em construir saberes juntamente com o aluno, para que este seja capaz de pensar criticamente e realizar, ao final do processo, sínteses daquilo que aprendeu e construiu.

Apesar da insistência por parte de algumas instituições e até mesmo de alguns professores, a imagem do docente como centro e grande protagonista da sala de aula está – ou pelos menos deveria estar – ultrapassada. É preciso saber previamente quais as expectativas de aprendizagem de determinado conteúdo e criar estratégias de ensino para que o aluno alcance os resultados desejados, em um processo conjunto e de construção mútua.

Quando se trata do ensino da História, nosso ofício se torna especialmente delicado, pois há que se considerar a função social do historiador e do professor de História. É através desse ramo do conhecimento das ciências humanas que pensamos as ações do homem no tempo. Cabe aqui ressaltar que é na História que o tempo é efetivamente considerado o principal elemento para se pensar a condição humana. Mas, em que sentido afirmamos que nosso ofício de professor de História é delicado? Porque, ao estudarmos a ação do homem no tempo, está implícita a tarefa de pensar com os alunos sobre nossa própria condição humana, sobre nosso papel como cidadãos, sobre os diferentes caminhos que podemos tomar e, o mais importante, fazer com que os alunos compreendam que as escolhas feitas precisam ser conscientes, uma vez que elas vão refletir no mundo em que vivemos.

O homem é um ser político e social. Portanto, um dos importantes papéis do professor de História é fazer com que o aluno compreenda que as ações humanas e as escolhas que fazemos, principalmente políticas e ideológicas (mas não apenas estas), têm consequências na vida prática e coletiva. Aqui, é importante que o professor detenha o conhecimento das ferramentas de trabalho capazes de ajudar o aluno a compreender essas ações humanas e suas consequências de forma crítica. É assim que, mais do que aprender, o aluno amplia seus horizontes intelectuais e passa, a cada dia, a atuar com autonomia no mundo em que vive.

O livro que você tem em mãos pretende apresentar algumas ferramentas essenciais de ensino e aprendizagem, além de alguns métodos e técnicas de trabalho que o auxiliem em cada etapa.

O Capítulo 1, a professora e historiadora Carla Viviane Paulino busca introduzir o leitor na prática profissional com a elaboração de alguns documentos imprescindíveis para a docência. Por isso, a obra irá tratar de temas como planejamento de aulas e planejamento anual, fornecerá subsídios para a execução desses planejamentos e também discutirá alguns aspectos que envolvem a atuação do professor no mercado de trabalho, como compreender as características das diferentes instituições de ensino no que tange às suas propostas pedagógicas, fator diretamente relacionado ao tipo de planejamento anual e de aula que o professor deve construir.

Ainda no Capítulo 1, a autora avalia a importância de se conhecer os principais documentos que regem o ensino de História nas instituições educacionais, como também as políticas em âmbito nacional. Há ainda uma discussão a respeito de algumas técnicas inovadoras de aula que são importantes para o professor que compreende que o protagonismo em sala de aula é construído juntamente com os alunos.

O Capítulo 2, escrito pela professora e historiadora Romilda Motta, trata da utilização de recursos didáticos, que, nesse caso, referem-se às fontes documentais, que são elementos básicos para o historiador em seu ofício de pesquisador, mediador e facilitador no processo de ensino e aprendizagem. É dada ênfase à ideia de que o professor, como intermediador privilegiado do processo de construção do conhecimento, deve apossar-se de diferentes documentos. Nesse sentido, a autora apresenta possibilidades de usos de um instrumental que passa pelas fontes textuais, das mais diversas, como: cartas, memórias, biografias, jornais, revistas; iconográficas, como fotos, postais e telas; e fontes orais, como entrevistas e relatos orais. Na utilização desses recursos, a necessidade de se acercar dos procedimentos metodológicos adequados para cada tipo de documento é ressaltada como algo absolutamente imprescindível.

No Capítulo 3, o professor e historiador Flávio Trovão problematiza o uso das mídias contemporâneas e o ensino de História, com destaque para o cinema e sua utilização em sala de aula. Deixar o cinema, bem como os possíveis usos pedagógicos do computador e do celular, de fora da educação é ignorar a forma mais difundida de as gerações de estudantes de hoje terem contato com os vários temas e eventos da história. Partindo dessa problematização, o autor oferece ao leitor uma metodologia para utilização dessas mídias no ensino da História, com exemplos práticos que podem ser adaptados para as realidades educacionais que o profissional em formação encontrará em sua trajetória.

Por fim, o Capítulo 4 irá versar sobre um aspecto sempre delicado no trabalho do professor: a avaliação. Nele, o professor e historiador Maurício Paz apresenta as mais recentes discussões sobre a avaliação e as experiências que têm funcionado em nossa área, além de um convite à reflexão sobre os perigos desse processo. O capítulo trará uma discussão relacionada à pergunta que está sempre presente no ofício do professor: *O que* e *para que* avaliar? Serão abordados os instrumentos avaliativos mais utilizados na prática do professor de História, com orientações para a qualidade desses instrumentos. A avaliação do aprendizado em História é um desafio cotidiano na prática docente e deve ser feito com atenção, a fim de que os instrumentos avaliativos possam produzir um diagnóstico produtivo sobre os estudantes.

Neste livro, portanto, nos empenhamos em apresentar teorias e ferramentas capazes de auxiliá-lo em sua prática diária como professor para, assim, construir o processo de ensino e de aprendizagem de História. Afinal de contas, o bom professor, para ensinar, precisa aprender mais do que História – ele precisa aprender a ensinar. A prática em sala de aula é parte importante desse aprendizado, mas estar preparado e organizado para ensinar constitui grande parte do novo caminho que se inicia.

Esperamos que, ao final dessa leitura, você se sinta capaz de planejar excelentes aulas, buscar documentos, analisar apropriadamente as fontes e escolher aquelas que irão ajudá-lo a planejar suas aulas e executar com êxito o que planejou. E por *êxito* entendemos o conjunto de escolhas que possibilitem um processo efetivo de ensino, no qual o professor construa, com seus alunos, ferramentas de investigação para que estes possam ser os protagonistas de sua jornada de aprendizagens.

Ao final da leitura desta obra, desejamos que você, leitor, tenha clareza de que o lugar que você optou por ocupar direciona sua ação – seja no campo da historiografia, seja no campo social –, pois essa escolha é que o levará a consolidar uma conduta que irá reger sua vida como um todo, incluindo a profissional. Isso não quer dizer que seu papel é doutrinar ou convencer alunos a pensar como você – os autores desta obra defendem veementemente a liberdade de expressão em seu mais amplo sentido e se posicionam contra qualquer movimento cerceador da liberdade de ensinar e de aprender –, mas sim, a partir da consistência dos saberes abordados neste livro, que o trabalho do professor é bem-sucedido quando ele consegue levar o aluno a encontrar o seu próprio pensamento sobre a História e o ser humano que a constrói diariamente. Portanto, esperamos que você encare esse desafio com conhecimentos históricos fundamentados, planos de aula consistentes, boa didática, coerência, ética, profissionalismo e – por que não? – bom humor diante dos percalços diários de nossa profissão.

Lembremos sempre que a função do docente, em sala de aula, é oferecer diferentes caminhos interpretativos e investigativos sobre os temas da História, para que o aluno possa construir sua própria forma de conceber o mundo – este que foi e é construído a partir da ação do ser humano no tempo. Essa é a beleza de se ensinar História e, ao mesmo tempo, o nosso grande desafio.

Como aproveitar ao máximo este livro

Empregamos nesta obra recursos que visam enriquecer seu aprendizado, facilitar a compreensão dos conteúdos e tornar a leitura mais dinâmica. Conheça a seguir cada uma dessas ferramentas e saiba como elas estão distribuídas no decorrer deste livro para bem aproveitá-las.

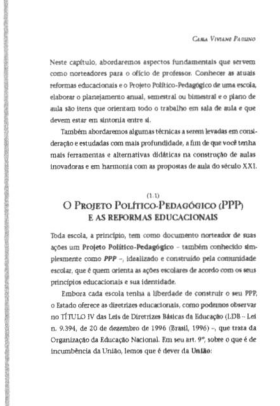

Introdução do capítulo

Logo na abertura do capítulo, informamos os temas de estudo e os objetivos de aprendizagem que serão nele abrangidos, fazendo considerações preliminares sobre as temáticas em foco.

Síntese

Ao final de cada capítulo, relacionamos as principais informações nele abordadas a fim de que você avalie as conclusões a que chegou, confirmando-as ou redefinindo-as.

Atividades de autoavaliação

Apresentamos estas questões objetivas para que você verifique o grau de assimilação dos conceitos examinados, motivando-se a progredir em seus estudos.

Atividades de aprendizagem

Aqui apresentamos questões que aproximam conhecimentos teóricos e práticos a fim de que você analise criticamente determinado assunto.

Bibliografia comentada

Nesta seção, comentamos algumas obras de referência para o estudo dos temas examinados ao longo do livro.

Bibliografia comentada

ABREU, M.; SOIHET, R.; GONTIJO, R. (Org.). **Cultura política e leituras do passado:** historiografia e ensino de história. Rio de Janeiro: Civilização Brasileira/Faperj, 2007.

A obra foi organizada pelas historiadoras Martha Abreu, Rachel Soihet e Rebeca Gontijo e é composta por 23 ensaios e dividida em 5 partes. Na primeira parte, "Política, história e memória", os artigos de Angela de Castro Gomes, referência brasileira na temática sobre memória e História, e do também relevante pesquisador Manoel Luiz Salgado Guimarães merecem destaque. Com grande embasamento teórico e metodológico, utilizam os conceitos de cultura histórica, cultura política, memória e usos do passado para desenvolver suas análises. A (re)valorização da memória, a sobrevalorização do testemunho e o "retorno do eu"; a subjetividade nas narrativas como legitimadoras de discursos e verdades individuais são questões não desconsideradas no tratamento da temática. Os autores discutem e apresentam, partindo de suas pesquisas, como as sociedades humanas constroem, no transcurso do tempo, representações do passado.

Capítulo 1
As bases para ensinar
de forma competente
e organizada

Neste capítulo, abordaremos aspectos fundamentais que servem como norteadores para o ofício de professor. Conhecer as atuais reformas educacionais e o Projeto Político-Pedagógico de uma escola, elaborar o planejamento anual, semestral ou bimestral e o plano de aula são itens que orientam todo o trabalho em sala de aula e que devem estar em sintonia entre si.

Também abordaremos algumas técnicas a serem levadas em consideração e estudadas com mais profundidade, a fim de que você tenha mais ferramentas e alternativas didáticas na construção de aulas inovadoras e em harmonia com as propostas de aula do século XXI.

(1.1)
O Projeto Político-Pedagógico (PPP)
E AS REFORMAS EDUCACIONAIS

Toda escola, a princípio, tem como documento norteador de suas ações um **Projeto Político-Pedagógico** – também conhecido simplesmente como ***PPP*** –, idealizado e construído pela comunidade escolar, que é quem orienta as ações escolares de acordo com os seus princípios educacionais e sua identidade.

Embora cada escola tenha a liberdade de construir o seu PPP, o Estado oferece as diretrizes educacionais, como podemos observar no TÍTULO IV das Leis de Diretrizes Básicas da Educação (LDB – Lei n. 9.394, de 20 de dezembro de 1996 (Brasil, 1996) –, que trata da Organização da Educação Nacional. Em seu art. 9º, sobre o que é de incumbência da União, lemos que é dever da **União:**

Art. 9º [...]

IV – estabelecer, em colaboração com os Estados, o Distrito Federal e os Municípios, competências e diretrizes para a educação infantil, o ensino fundamental e o ensino médio, que nortearão os currículos e seus conteúdos mínimos, de modo a assegurar a formação básica comum. (Brasil, 1996)

Ao analisar o referido artigo, vemos que a União estabelece competências e diretrizes que devem ser seguidas na construção dos currículos. No entanto, a LDB também atribui às **instituições** o papel de construir, levando em consideração o que já expusemos anteriormente, o seu plano pedagógico. De acordo com o art. 12 da LDB:

Art. 12 Os estabelecimentos de ensino, respeitadas as normas comuns e as do seu sistema de ensino, terão a incumbência de:

I – elaborar e executar sua proposta pedagógica;

II – administrar seu pessoal e seus recursos materiais e financeiros;

III – assegurar o cumprimento dos dias letivos e horas-aula estabelecidas;

IV – velar pelo cumprimento do plano de trabalho de cada docente;

V – prover meios para a recuperação dos alunos de menor rendimento;

VI – articular-se com as famílias e a comunidade, criando processos de integração da sociedade com a escola;

VII – informar pai e mãe, conviventes ou não com seus filhos, e, se for o caso, os responsáveis legais, sobre a frequência e rendimento dos alunos, bem como sobre a execução da proposta pedagógica da escola; (Redação dada pela Lei nº 12.013, de 2009). (Brasil, 1996)

Não há, portanto, nenhuma norma que retire da escola a incumbência de elaborar o seu PPP. Ao contrário, é obrigação da escola elaborá-lo e executá-lo.

No que se refere aos **docentes**, o art. 13 afirma que é de sua responsabilidade:

> *Art. 13 [...]*
> *I – participar da elaboração da proposta pedagógica do estabelecimento de ensino;*
> *II – elaborar e cumprir plano de trabalho, segundo a proposta pedagógica do estabelecimento de ensino*
> *III – zelar pela aprendizagem dos alunos;*
> *IV – estabelecer estratégias de recuperação para os alunos de menor rendimento;*
> *V – ministrar os dias letivos e horas-aula estabelecidos, além de participar integralmente dos períodos dedicados ao planejamento, à avaliação e ao desenvolvimento profissional;*
> *VI – colaborar com as atividades de articulação da escola com as famílias e a comunidade.* (Brasil, 1996)

Vemos que o professor é citado como um dos responsáveis pela elaboração do PPP da escola em que trabalha. Tal engajamento fortalece a ideia de pertencimento à escola e promove a construção de um projeto que representa aquilo em que o docente acredita como educador. Portanto, é fundamental participar das revisões de PPP que devem (ou deveriam) ocorrer periodicamente na escola.

Vale lembrar que no ano de 2015 começou a ser elaborada uma proposta comum na educação brasileira. Trata-se da Base Nacional Comum Curricular (BNCC), cuja versão final, após diversas revisões, foi homologada pelo Ministério da Educação em dezembro de 2017. Esse documento estabelece:

> *um documento de caráter normativo que define o conjunto orgânico e progressivo de* **aprendizagens essenciais** *que todos os alunos devem*

> *desenvolver ao longo das etapas e modalidades da Educação Básica, de modo a que tenham assegurados seus direitos de aprendizagem e desenvolvimento, em conformidade com o que preceitua o Plano Nacional de Educação (PNE). Este documento normativo aplica-se exclusivamente à educação escolar, tal como a define o § 1º do Artigo 1º da Lei de Diretrizes e Bases da Educação Nacional (LDB, Lei nº 9.394/1996)1, e está orientado pelos princípios éticos, políticos e estéticos que visam à formação humana integral e à construção de uma sociedade justa, democrática e inclusiva, como fundamentado nas Diretrizes Curriculares Nacionais da Educação Básica (DCN).* (Brasil, 2018b, grifo do original)

Como podemos perceber, a reforma curricular pretende garantir em todo o Brasil a formação de pessoas com conhecimentos e habilidades que as tornem cidadãs aptas a atender as demandas sociais e profissionais do século XXI. Para tanto, foram elaborados currículos de todas as disciplinas, para cada ano escolar, normatizando e definindo o conjunto de aprendizagens essenciais em cada etapa do processo educacional da educação básica.

De acordo com o texto disponibilizado pelo *site* do Ministério da Educação (MEC), os componentes curriculares estabelecidos na BNCC deverão ser seguidos como parâmetros pelas escolas públicas e privadas brasileiras, norteando e influenciando, portanto, a construção das propostas pedagógicas das instituições. Desse modo, ainda que seja de responsabilidade da escola a construção de seu PPP, com a implementação da BNCC as escolas deverão ter em mente essa base comum não apenas para a elaboração de seus currículos, mas também para construir e/ou preservar a identidade pedagógica da instituição.

Desse modo, é fundamental que os professores estejam atentos à BNCC e acompanhem sua implementação. Como estamos tratando de uma mudança que, embora aprovada, ainda está ocorrendo, não é possível tecer grandes críticas ou considerações sobre sua eficiência em termos formativos, portanto, nesse momento, resta-nos acompanhar de perto e de forma ativa as propostas de reforma da educação brasileira.

Com a homologação da BNCC, começa o processo de formação e capacitação dos professores e o apoio aos sistemas de educação estaduais e municipais para a elaboração e adequação dos currículos escolares (Brasil, 1996).

O objetivo principal da criação de uma base curricular comum, de acordo com a análise feita pelos profissionais da educação vinculados ao movimento Todos pela Base, é "indicar com precisão quais são as competências que os alunos devem desenvolver e quais são os conteúdos essenciais para o seu desenvolvimento" (Brasil, 2018e); assim, "as escolas e professores passarão a ter clareza do que os seus alunos devem aprender e o que eles devem ser capazes de fazer com esse aprendizado" (Brasil, 2018e).

A uniformização das competências a serem desenvolvidas pelo público discente, como exposto, não significa deixar de levar em consideração as particularidades de cada região, de acordo com o art. 26 da LDB:

Art. 26. Os currículos da educação infantil, do ensino fundamental e do ensino médio devem ter base nacional comum, a ser complementada, em cada sistema de ensino e em cada estabelecimento escolar, por uma parte diversificada, exigida pelas características regionais e locais da sociedade, da cultura, da economia e dos educandos. (Brasil, 1996)

Assim, não basta se comprometer com o desenvolvimento das competências indicadas na Base, mas avaliar constantemente as necessidades regionais e locais dos alunos no que se refere ao ensino da História. Com isso, o PPP deve ser construído levando em consideração a realidade em que a escola está inserida.

Cada região do país tem características culturais e econômicas distintas – podemos citar como exemplo a população do campo comparada à população da cidade. Não é possível afirmar que as formas como os conteúdos serão apreendidos e aplicados serão as mesmas nas diferentes regiões do país. Por esse motivo, a nosso ver, os currículos deveriam levar em consideração algumas especificidades e necessidades de aprendizagem peculiares a cada região. Por essa razão, além do desenvolvimento de competências essenciais, desenvolver habilidades fundamentais para a realidade local e regional se torna fator determinante para o sucesso da formação no século XXI.

A fim de realizar as devidas adaptações curriculares sem desconsiderar as necessidades e especificidades locais, é pertinente observar que a Base não corresponde ao currículo. Enquanto a base se afirma como uma referência nacional obrigatória, cujo papel é orientar a revisão e a elaboração dos currículos, estabelecer objetivos de aprendizagem e o desenvolvimento de determinadas competências, bem como os objetivos que se espera que os estudantes venham a atingir, o currículo define como alcançar esses objetivos. De maneira simples, é possível afirmar que a Base indica o ponto aonde se quer chegar, enquanto o currículo traça o caminho até lá (Brasil, 2018e).

Tendo em vista o que foi exposto, vemos que está preservada a autonomia da escola no processo de elaboração dos currículos de ensino, desde que a instituição leve sempre em consideração os objetivos de aprendizagem estabelecidos na BNCC. Dessa forma, espera-se que, uma vez aprovado esse documento, as escolas se debrucem sobre ele para adequar seus currículos.

Embora os objetivos de aprendizagens focados em competências estejam dados, o MEC deixa claro que é o currículo que define **como** serão alcançados tais objetivos. No entanto, entre tantas outras variáveis que afetam a aprendizagem, o investimento de tempo e formação em estratégias de ensino é o que garante, até certo ponto, que esses objetivos de aprendizagem sejam alcançados.

Além de formular uma base comum para uma educação capaz de formar o cidadão do século XXI em todo o território nacional, cabe também ao MEC, em alguma medida, oferecer aos professores cursos de formação que os capacitem a utilizar estratégias de ensino que possibilitem aos alunos uma aprendizagem maior do que os índices atuais demonstram. O ensino de metodologias ativas de ensino e de outros modelos didáticos atuais, de técnicas que ajudem os professores a instituir uma cultura digital eficiente e que promova a vontade do aluno a querer de fato desenvolver as competências indicadas, são essenciais para o sucesso desse projeto. Cabe à comunidade como um todo, mas especialmente ao corpo docente, exigir que cursos assim sejam constantemente oferecidos. Afinal, se o ser humano do século XXI exige constantemente novos conhecimentos, a forma de ensinar, que ainda mantém muitas características do século XIX, também deve ser revista e reformulada.

1.1.1 O Projeto Político-Pedagógico: conhecer para trilhar caminhos sólidos na construção do ofício do professor

Quando um professor ingressa em uma escola, sua primeira ação deve ser a de conhecer a proposta pedagógica da instituição. Uma boa escola consegue manter os professores comprometidos e alinhados em sua prática docente com a proposta pedagógica que ela defende. Infelizmente, nem sempre a escola ou a coordenação pedagógica dá a devida importância para esse alinhamento entre o professor e a proposta pedagógica da instituição, e a consequência é que muitas vezes a proposta prometida aos pais e alunos e os princípios defendidos pela escola não são colocados em prática. Esses princípios estão delineados com todos os detalhes em um importante documento, já citado neste capítulo, chamado **Projeto Político-Pedagógico (PPP)**. O MEC define esse documento da seguinte forma:

> *É o planejamento geral que envolve o processo de reflexão, de decisões sobre a organização, o funcionamento e a proposta pedagógica da instituição. É um processo de organização e coordenação da ação dos professores. Ele articula a atividade escolar e o contexto social da escola. É o planejamento que define os fins do trabalho pedagógico.* (Brasil, 2006, p. 42)

Quando um professor é contratado ou ingressa como concursado em uma escola, o melhor caminho para estar em sintonia com a proposta pedagógica da instituição é, como já dito anteriormente, conhecer o PPP. E isso é importante não apenas para realizar um planejamento de ensino de acordo com esse documento, mas também para que possa, nos momentos em que a comunidade se mobilizar para revisá-lo, estar apto a fazer críticas e propor mudanças.

> Uma boa escola consegue manter os professores comprometidos e alinhados em sua prática docente com a proposta pedagógica que ela defende.

Apesar da importância do PPP como instrumento norteador das ações pedagógicas em uma instituição e do caráter democrático que ele representa, posto que toda a comunidade inserida na escola deve participar de sua elaboração, especialmente nas escolas públicas, a realidade nem sempre é essa. A pesquisa *Retrato da escola no Brasil* (Aguiar; Silva, 2004) nos informa que, em cinco estados da Federação, cerca de 30% das escolas não tinham o seu PPP e que, em mais de 20%, este havia sido construído por pessoas que não faziam parte da escola. Em outros dez estados, a escrita do projeto foi feita e pensada apenas pelo diretor da escola. Na Região Nordeste, em cerca de 40% dos municípios de três estados, o projeto também foi elaborado por pessoas que não pertenciam à escola ou à comunidade escolar. O mesmo foi constatado em mais da metade das escolas do ensino médio de nove estados do país.

O quadro descrito é preocupante, na medida em que afeta a escola e a comunidade escolar em dois aspectos principais. O primeiro, como ressalta a socióloga Janete Azevedo (2007, p. 4), diz respeito à importância do PPP como instrumento político, o que

> *ocorre quando o seu processo de elaboração e implementação se pauta pelo princípio democrático da participação e, portanto, como um dos elementos do exercício da gestão escolar democrática. Desta perspectiva, o PPP é, também, um instrumento fundamental para a efetiva construção e instalação da democracia social entre nós. Isto significa dizer que a democracia não se limita à sua dimensão política, pois envolve a articulação direta desta com as práticas de participação social.*

Quando nos atentamos a essa dimensão política implícita no PPP, fica evidente a força desse instrumento, que carrega em si o potencial para abarcar os anseios de uma comunidade no que se refere à educação, à construção de sua identidade como escola pública de um determinado local e à concepção de educação que todos considerem adequada. A inexistência de um projeto – ou a existência de um projeto que não foi construído democraticamente – mina a possibilidade de construção de uma identidade comum a todos os envolvidos e fere o princípio democrático das escolas públicas.

Um segundo elemento a se destacar diz respeito à ausência de uma concepção pedagógica, a qual é fundamental não apenas na construção identitária da escola, mas também no direcionamento da comunidade em torno das ideias que norteiam grande parte das ações pedagógicas da instituição. Se uma escola afirma em seu PPP ser construtivista, por exemplo, a prática escolar deve adotar essa metodologia de ensino na sala de aula, no tipo de tarefas, nos passeios de estudo de meio e até mesmo na forma de mediar conflitos.

Devemos ter em mente sempre que um PPP nunca pode ser considerado pronto, finalizado. A escola deve estar atenta aos novos desafios da educação e verificar de tempos em tempos se seu projeto atende às novas demandas educacionais em sua comunidade e no cenário nacional e global. Por isso, consideramos que a escola só consegue construir um projeto pedagógico sólido na medida em que este passe por revisões periódicas, em busca de constante aprimoramento. Portanto, revisar o PPP é ponto fundamental para que a escola possa sempre repensar sua proposta e identidade, adequando-se às demandas que surgem ao longo do tempo e exercitando constantemente a ação democrática que esse documento representa e da qual ele necessita.

É papel do professor, em sintonia com a coordenação e a direção, assumir uma postura comprometida com o projeto da escola. Caso contrário, não raras vezes, o PPP acaba assumindo uma posição de mero documento burocrático, o que faz com que perca seu sentido. Quando isso acontece, a escola deixa de adotar posturas e práticas pedagógicas coerentes com aquilo que se propôs a fazer em seu PPP.

Para que o professor torne o projeto da escola uma realidade aplicada na prática, a proposta pedagógica deve estar representada nos planejamentos anuais e nos planos de ensino de cada docente. Assim, o professor deve obrigatoriamente se familiarizar com esse documento, com as práticas pedagógicas e com os valores políticos e educacionais da instituição. Infelizmente, nem sempre o PPP é fornecido aos professores e a proposta político-pedagógica sequer é discutida no momento da contratação ou no ingresso de um professor concursado em uma escola. Acreditamos que tal postura seja um dos grandes problemas na tentativa de tornar a escola eficiente, já que ela não foi capaz de assumir a identidade educacional delineada em seu PPP. Recomendamos, caso a escola não o forneça de imediato, que o professor, no momento oportuno, solicite esse documento. No caso de a escola deixar o professor livre para elaborar seus planos de aulas, trabalhos e instrumentos avaliativos, é recomendada cautela e que procure se familiarizar com a identidade pedagógica que a escola defende.

(1.2)
Identificando as propostas pedagógicas das instituições de ensino

Ao ler o PPP, conversar com a coordenação e ter feito pesquisas prévias sobre a proposta de ensino da instituição (especialmente no caso de instituições privadas), o professor precisa ser capaz de identificar a proposta pedagógica com a qual a escola escolheu trabalhar. A seguir, relacionamos brevemente algumas linhas pedagógicas, ressaltando que a intenção aqui não é discutir sua pertinência nos mais diversos contextos, mas de auxiliar você, leitor, na identificação dessas linhas no PPP das escolas ou, na ausência deste, na observação de como se dá a prática docente na instituição em que está inserido.

1.2.1 Escolas tradicionais

De acordo com Saviani (1991, p. 54):

Esse ensino tradicional que ainda predomina hoje nas escolas se constituiu após a revolução industrial e se implantou nos chamados sistemas nacionais de ensino, configurando amplas redes oficiais, criadas a partir de meados do século passado, no momento em que, consolidado o poder burguês, aciona-se a escola redentora da humanidade, universal, gratuita e obrigatória como um instrumento de consolidação da ordem democrática.

Apesar das origens desse modelo remeterem ao século XIX – e de ser de fato uma proposta revolucionária na época, já que pressupunha uma educação universal –, houve poucas mudanças em sua estrutura até o presente. A busca pela igualdade entre os seres humanos, pressuposto que impulsionou a criação da **escola tradicional**, não foi alcançada, já que, na prática, o acesso à educação não é para todos e a qualidade da educação não é algo garantido em todas as escolas. Apesar de antigo, esse modelo ainda é o mais utilizado em escolas públicas e privadas.

Atualmente, as escolas tradicionais se caracterizam pelo **foco no conteúdo das matérias** e na obtenção de **bons resultados dos alunos no vestibular ou nos exames nacionais de educação**. Para tanto, observa-se a importância da absorção cumulativa por parte dos alunos, que devem, em geral, assimilar passivamente os conteúdos ensinados. Isso significa que o professor precisa cumprir a sequência de temas e conteúdos que devem ser estudados e, para isso, elaborar **aulas de caráter expositivo**, capazes de comunicar com certa rapidez os aspectos mais importantes de cada tema. As avaliações e trabalhos, nesse sentido, devem ajudar o aluno a fixar o conteúdo.

O desempenho na aprendizagem dos conteúdos propostos costuma ser o principal objetivo das escolas tradicionais. Muitas dessas escolas procuram aliar seu viés fortemente conteudista e focado no desempenho nos vestibulares à formação humana do aluno e, se isso for de fato uma realidade na escola, elas buscam a eficiência em trabalhar conteúdos ao mesmo tempo em que procuram pontuar, sempre que tiverem a oportunidade, os valores humanos importantes para a formação do aluno de acordo com a visão da instituição.

1.2.2 Escolas alternativas

Existe um enorme leque de linhas pedagógicas que direcionam as chamadas *escolas alternativas*. São chamadas assim porque optam por um determinado modelo de educação, de ensino e aprendizagem que não se assemelha, em muitos aspectos, ao modelo tradicional de ensino. Em geral, seu **foco é na formação humana** do aluno, portanto, o formato das aulas deve seguir esse preceito. O volume de conteúdos não é o mais importante, e sim a relevância de tais conteúdos para a formação do aluno como um todo. Em geral, **o professor é um mediador**, ajudando o aluno a construir o conhecimento.

Dada a importância das escolas construtivistas e montessorianas, cuja pedagogia inspirou o nascimento de novas propostas alternativas ao ensino tradicional, apresentamos a seguir algumas de suas características.

As **escolas construtivistas**, baseadas nos estudos do biólogo suíço Jean Piaget (1896-1980), estimulam o aluno a buscar respostas com base em seu conhecimento preexistente e na pesquisa que ele mesmo deve realizar, seja sozinho, seja em conjunto com os demais alunos. Nessas escolas, as aulas são planejadas de modo a dar espaço para o aluno assumir um papel ativo na construção do conhecimento. Além de Piaget, outros teóricos influenciaram a prática pedagógica construtivista, como os psicólogos Lev Vygotsky (1896-1934) e Henri Wallon (1879-1962). Embora esses estudiosos divirjam entre si em muitos aspectos, compartilham a ideia de que o conhecimento não é inato e tampouco é absorvido apenas pelos estímulos oriundos do ambiente em que vivemos. Para esses autores, o conhecimento se dá a partir da interação entre o sujeito e o objeto externo.

Piaget, Vygotsky e Wallon não realizaram estudos específicos sobre a atuação do professor em sala de aula, ou seja, não elaboraram propostas didáticas. Elas vêm sendo construídas ao longo dos anos por educadores e pesquisadores no campo da pedagogia, psicologia e filosofia da educação, que criaram novos movimentos no campo da educação, como a Escola Nova[1] no Brasil, por exemplo.

Para os pesquisadores que se basearam nas teorias de aprendizagem dos estudiosos citados, os alunos precisam abandonar o papel de meros receptores de conhecimento, sendo capazes de, mediante conhecimentos prévios, reorganizar o conjunto de raciocínios de que dispõem e ampliar seus saberes. Aqui, **o professor deve ser capaz de mobilizar esses conhecimentos** em cada aluno para que este dê um passo adiante.

De acordo com Gruber e Vonèche (1977), o professor que atua dentro de uma escola construtivista deve ter clareza de seu papel mediador e instigador de novos conhecimentos, realizando perguntas que façam os alunos avançarem em um debate ou em um projeto de investigação. Para isso, os planejamentos devem ser constantemente revistos, a fim de atingir a construção do conhecimento. É ponto fundamental para o professor que trabalha com esse modelo ter em mente, no momento de planejar suas aulas, a premissa de que o aluno

---

1 O nome Escola Nova *se refere a um movimento que visava à renovação do ensino, especialmente forte na Europa, na América e no Brasil, na primeira metade do século XX. Seus defensores, oriundos principalmente da Europa e das Américas, acreditavam em uma escola que pudesse se adaptar à criança, e não o contrário. Defendiam que os alunos pudessem ajudar a construir uma escola ativa e valorizavam as atividades nas quais eles interagiam com o objeto do conhecimento, dando a eles mais protagonismo no processo de aprendizagem.*

sempre sabe alguma coisa sobre o tema que será abordado, devendo o professor utilizar desse conhecimento prévio para ajudá-lo a construir novos conhecimentos. Mesmo quando o aluno erra, o professor deve oferecer ferramentas para que ele encontre por si mesmo a resposta correta. Para cada atividade, é indicado que o professor tenha uma pergunta-problema ou mesmo uma simples pergunta que irá nortear os trabalhos de uma aula.

Ao contrário do que possa parecer à primeira vista, o papel do professor é absolutamente fundamental no modelo construtivista. Em uma entrevista concedida à revista *Nova Escola*, a diretora da Escola da Vila, em São Paulo, afirmou que "O maior equívoco de todos é achar que o construtivismo prescinde da figura do professor. Pelo contrário, é ele quem organiza as situações para os alunos aprenderem" (Scachetti; Camilo, 2015).

Muitas escolas se autodenominam *construtivistas*, mas, na prática, esse método não se reflete em sala de aula. Por isso, o professor deve estar atento e buscar formação por meio de leituras, congressos e afins, com o objetivo de aprender a ensinar dentro dessa proposta. Caberia também às escolas comprometidas com o método oferecer formação continuada aos seus docentes.

As **escolas montessorianas** se baseiam no método criado pela médica italiana Maria Montessori (1870-1952). Ela acreditava na capacidade da criança de aprender por si mesma, desde que dadas a ela determinadas condições. Na escola montessoriana, muita atenção é dada ao espaço físico, que deve oferecer liberdade de movimentação e estimular a criatividade. A liberdade do aluno e o respeito à individualidade são outros pontos fundamentais dessa pedagogia. Mais do que acumular conhecimentos, a pedagogia de Montessori se amplia para a formação integral do aluno, educando-o para a vida. De acordo com Márcio Ferrari (2008), em matéria publicada na revista *Nova Escola*:

> *Maria Montessori acreditava que nem a educação nem a vida deveriam se limitar às conquistas materiais. Os objetivos individuais mais importantes seriam: encontrar um lugar no mundo, desenvolver um trabalho gratificante e nutrir paz e densidade interiores para ter capacidade de amar. A educadora acreditava que esses seriam os fundamentos de quaisquer comunidades pacíficas, constituídas de indivíduos independentes e responsáveis. A meta coletiva é vista até hoje por seus adeptos como a finalidade maior da educação montessoriana.*

De acordo com o *site* da Associação Brasileira de Educação Montessoriana (Abem), o professor deve entender que o aluno carrega uma capacidade de autoeducar-se. Para tanto, deve ser oferecido a ela um ambiente adequado para a aprendizagem, um educador especializado que conceba a educação como ciência, utilize materiais adequados para o desenvolvimento integral e que eduque para a paz (Abem, 2018).

Pelo exposto, fica evidente a importância de se conhecer qual a abordagem pedagógica seguida pela escola. Afinal, se em uma escola tradicional o professor está no centro do processo de aprendizagem, em outra ele pode atuar como mediador e o aluno é colocado como o principal personagem no processo de construção de conhecimento. São, portanto, modos muito distintos de se trabalhar e que impactam diretamente no planejamento.

Registramos a importância para um professor de conhecer profundamente teóricos como Paulo Freire, Maria Montessori, Rudolf Steiner, Jean Piaget, Lev Vygotsky, Edgar Morin, entre outros.

Ao conhecer esses autores, o futuro professor poderá descobrir, em sua formação, ricas possibilidades de se pensar a educação e encontrar caminhos teóricos que o ajudem na hora de exercer o seu ofício. A leitura desses pesquisadores nos oferece sustentação teórica que, junto com a prática diária em sala de aula, nos permite desenvolver as habilidades para atuar de forma competente, independentemente da abordagem. Para tal, como já afirmamos, primeiro precisamos conhecer a teoria, depois aprender como se trabalha de acordo com ela. Por isso, é importante se manter atualizado e jamais parar de estudar.

De acordo com o pedagogo José Fusari (1993), os educadores brasileiros tendem a adotar uma prática pedagógica eclética, na qual, segundo ele, apresentam-se contraditoriamente diferentes práticas pedagógicas e filosofias de ensino. A implicação de tal ecletismo é a contradição entre discurso e prática pedagógica. Assim, vemos professores com discursos progressistas em sala de aula adotarem, na hora de elaborar uma aula, uma avaliação ou mesmo ao instituir determinados limites, uma prática pedagógica tradicional e um comportamento conservador (Fusari, 1993). É importante que os educadores mantenham a coerência profissional e pessoal.

> O professor precisa descobrir sua identidade de educador. Ser professor não implica apenas dominar conteúdos, repassá-los aos alunos e, depois, cobrar sua compreensão nas avaliações. Ser professor demanda saber ensinar e saber educar.

Ademais, o professor precisa descobrir sua identidade de educador. Ser professor não implica apenas em dominar conteúdos, repassá-los aos alunos e, depois, cobrar sua compreensão nas avaliações. Ser professor demanda saber ensinar e saber educar. E, para saber, é preciso que o professor trilhe um caminho baseado em uma filosofia e uma pedagogia da educação que vá ao encontro de seus princípios e valores pessoais. Do contrário, sua prática sempre irá divergir de sua fala.

(1.3)
Planejamento anual

Muitas escolas, no início do ano letivo, solicitam ao professor um planejamento anual de trabalho. Nele, o professor deve apresentar todos os conteúdos que serão trabalhados com os alunos, bem como as habilidades e as competências que serão desenvolvidas ao final de cada etapa.

De acordo com Vasconcelos (2002, p. 136), "O plano de curso é a sistematização da proposta geral de trabalho do professor naquela determinada disciplina ou área de estudo, numa dada realidade. Pode ser anual ou semestral, dependendo da modalidade em que a disciplina é oferecida".

Fazer um planejamento anual é tarefa trabalhosa, mas que deve ser encarada com seriedade pelo professor, e esse planejamento deve ser efetivamente aplicado em sua prática cotidiana. De nada adianta produzir um documento sem a intenção real de usá-lo. Se compreendermos que o planejamento, na verdade, é nosso aliado, a tarefa difícil de produzi-lo resultará em um documento que trará clareza do que será ensinado e de como isso será feito, tendo sempre em mente quais são os objetivos.

Ao elaborarmos um plano anual, pensamos os sentidos do curso, fechamos parcerias interdisciplinares e aguçamos nossa criatividade, além de desenvolvermos maior organização e clareza de direcionamentos em todos os aspectos. Os planos bimestrais ou trimestrais, no nosso entendimento, deveriam ser um desdobramento dos planos anuais ou semestrais. Mas, afinal, por onde começar? É o que tentaremos esclarecer a seguir.

A escola, por meio de seu PPP, deverá fornecer os conteúdos a serem trabalhados em cada série. No entanto, o professor pode e deve organizar e elencar esses conteúdos de acordo com o que considera pertinente, mas sempre em consonância com a concepção de educação da escola. A cada ano, de acordo com o perfil dos alunos, com a conjuntura do país e com a experiência que o professor vai adquirindo, o seu plano deve sofrer modificações para se adaptar à nova realidade, que sempre carregará em si novas perguntas e diferentes necessidades, que devem estar previstas no seu plano de trabalho.

Tendo esses referenciais em mãos, começa-se a elaborar o plano anual. Este, em geral, contém os seguintes aspectos: objetivos gerais do curso, conteúdos, objetivos específicos, estratégias de ensino e formas de avaliação.

É importante destacarmos que há várias maneiras de se pensar um planejamento, podendo variar de escola para escola, de acordo com sua proposta pedagógica. Algumas escolas têm um modelo fixo de planejamento, no qual o professor deve preencher os espaços específicos com indicações como as listadas. Outras trabalham com um tema norteador para cada série, e o professor deverá montar o seu curso levando em consideração esse grande tema que deverá estar presente em todas as matérias. Portanto, ao elaborar um plano de ensino, deve-se levar em conta o contexto e a proposta pedagógica da escola, o perfil dos alunos, as experiências anteriores que formaram o aluno e a inter-relação dos conteúdos com as demais disciplinas. Com a compreensão desses elementos, o professor começa a ter condições de realizar um bom planejamento, no qual ele consegue elencar objetivos, conteúdos, recursos didáticos, estratégias de ensino e avaliações que sejam coerentes com a proposta pedagógica da escola.

Por exemplo, há escolas que privilegiam a interdisciplinaridade no planejamento, o que implica em um trabalho em conjunto com os professores das outras disciplinas, que devem buscar, na medida do possível, adequar seu currículo de modo que os temas sejam trabalhados por cada um dos professores em sua disciplina. Quando não é possível um trabalho em conjunto com todas as disciplinas, aconselhamos uma tentativa de buscar uma parceria com algumas delas, como Geografia, Português e Filosofia, por exemplo. O curso elaborado de forma interdisciplinar amplia as possibilidades de aprendizagem do aluno e enriquece todo o processo. Mas, voltemos à elaboração do plano anual.

Ao pensar nos **objetivos gerais** de um curso, o professor precisa refletir sobre qual é a proposta de ensino que ele pretende oferecer e quais são, em um sentido geral, os objetivos de aprendizagem. Após determinar os objetivos gerais, passamos aos **objetivos específicos**, que consistem nos temas e conteúdos elencados pelo professor para atingir os objetivos gerais do curso. O professor, mais do que se perguntar *o que* deve ensinar, precisa também saber *para que* ensinar este ou aquele conteúdo.

Após ter elaborado os objetivos gerais e os específicos, o professor deve refletir sobre as **estratégias de ensino** que utilizará para alcançar tais objetivos. Nesse momento, definem-se os caminhos didáticos para ensinar, alcançar os resultados esperados e desenvolver determinadas habilidades no aluno. Aulas expositivas, aula invertida, ensino por projetos, leitura de textos seguida de debates, apresentação de uma pergunta-problema seguida de pesquisas e discussões em sala, estudos de meio, entre outras, compõem as estratégias de ensino que podem ser pensadas de acordo com a série, os recursos e o PPP da escola e o perfil dos alunos.

Outro elemento importante no planejamento são os **recursos de aprendizagem**, que compreendem um conjunto de elementos que irão favorecer o processo de aprendizagem do aluno. O professor é o primeiro desses recursos que, aliado a um conjunto de dispositivos, como livros, *slides*, lousa, filmes, documentários, documentos primários e elaboração de diferentes atividades, busca alcançar os objetivos de aprendizagem.

Por fim, devemos nos ater às **formas de avaliação**, cuja função é constatar se os objetivos de aprendizagem foram alcançados. O Capítulo 4 deste livro discute esse tema, justamente pela necessidade de repensarmos o papel da avaliação e dispor de ferramentas avaliativas que sejam capazes de oferecer de fato a possibilidade de o aluno nos mostrar o que conseguiu aprender. Assim, devemos considerar como formas de avaliação não apenas as provas, mas também trabalhos, debates, participação e engajamento do aluno, textos autorais, entre outras.

O plano anual, assim como o plano de aulas, deve ser entendido como um documento a ser constantemente repensado ao longo do ano, de acordo com as novas necessidades que podem surgir. Por isso, é importante que o professor retorne a esse documento sempre que sentir necessidade de fazer ajustes que facilitarão o processo de ensino e aprendizagem.

Observe a seguir o exemplo de um plano anual e trimestral que segue, em muitos aspectos, os moldes de uma escola tradicional.

Quadro 1.1 – Exemplo de plano anual de História

PLANO ANUAL DE HISTÓRIA
SÉRIE: 1º – ENSINO MÉDIO

Professor (a):

Objetivo da Área: Proporcionar aos alunos uma formação de consciência que os valorize como agentes de transformação social. Pela apropriação dos conhecimentos históricos, buscar a compreensão das diversas realidades culturais, econômicas e sociais, destacando a importância dessa compreensão para o pleno exercício crítico da cidadania.

PLANO ANUAL		PLANO TRIMESTRAL 1º		
OBJETIVOS ESSENCIAIS	CONTEÚDOS	OBJETIVOS ESPECÍFICOS	CONTEÚDOS	INDICADORES DE AVALIAÇÃO
• Analisar o processo histórico como elemento de compreensão do mundo contemporâneo, tendo em vista permanências e rupturas nas transformações sociais inerentes aos contextos estudados.	• O Período Clássico. • A decadência grega. • Roma: da comunidade à República. • Ascensão e queda do Império Romano. • A formação do feudalismo.	**1º TRIMESTRE** A1. Analisar o Período Clássico e sua transição à medievalidade, problematizando seus aspectos políticos, econômicos e culturais pela pesquisa em fontes primárias e secundárias, a fim de compreender rupturas e permanências no Ocidente.	• O Período Clássico. • A decadência grega. • Roma: da comunidade à República. • Ascensão e queda do Império Romano. • A formação do feudalismo.	• Compreende que os gregos antigos desenvolveram uma forma de governo marcada pela autonomia (*pólis*). • Reconhece que os conflitos entre proprietários e não proprietários levaram os gregos antigos a organizarem formas de governos diferentes, desde a democracia até o militarismo. • Identifica as características das principais cidades gregas. • Identifica que a disputa pelo controle das regiões terrestre e marítima gerou aos gregos antigos lutas externas e conflitos internos. • Reconhece os principais grupos sociais que compunham a sociedade romana.

(*continua*)

(Quadro 1.1 – conclusão)

PLANO ANUAL		PLANO TRIMESTRAL 1º		
OBJETIVOS ESSENCIAIS	CONTEÚDOS	OBJETIVOS ESPECÍFICOS	CONTEÚDOS	INDICADORES DE AVALIAÇÃO
• Reconhecer, em fontes primárias e secundárias na historiografia, distintas linguagens do conhecimento histórico através de suas características peculiares em sua concepção de relações de poder, sociedade, cultura, política e ideologia.	• A consolidação do feudalismo. • Crise e decadência do feudalismo. • As monarquias nacionais e o mercantilismo. • O Renascimento. • A Reforma religiosa. • A expansão européia. • A conquista e a colonização portuguesa: a "invenção" do Brasil.			• Compreende os conflitos entre patrícios e plebeus como fundamentais no processo de transformação da sociedade romana antiga. • Reconhece na expansão territorial uma importante forma de enriquecimento dos grupos dominantes da Roma Antiga. • Diagnostica o sentido da forma imperial de governo romano como relacionada às instabilidades geradas pelo expansionismo. • Verifica a importância do caráter universalista do cristianismo na história da Roma Antiga. • Relaciona a queda do Império Romano com expansionismo, falta de mão de obra e migrações bárbaras. • Reconhece na escravidão o mote estruturante da produção econômica entre os romanos e gregos antigos. • Reconhece o uso da expressão *bárbaros* pelos romanos e o caráter preconceituoso relacionado a esse uso • Identifica a organização social dos bárbaros. • Entende a longevidade do Reino Franco, em comparação à de outros reinos bárbaros. • Compreende como a desintegração do Império Carolíngio abriu espaço para a descentralização econômica e política feudal.

1º TRIMESTRE

Sabemos que há escolas que trabalham de forma bimestral e outras, trimestral. O quadro representa um exemplo de planejamento anual em um modelo tradicional, que detalha o trabalho do professor no primeiro trimestre. Nesse exemplo, vemos uma das possibilidades do trabalho de planejamento do professor antes de iniciar as aulas. Note que nele estão especificados os conteúdos essenciais, os objetivos essenciais e os conteúdos que serão trabalhados ao longo do ano letivo, seguidos de um planejamento do trimestre que iniciará. Procuramos elencar os objetivos específicos, os conteúdos e os indicadores de avaliação para esse período. Neste último item, o professor registra o que pretende atingir como objetivos de conhecimento. Ao ter esses objetivos estabelecidos, podemos, então, elaborar aulas que sejam capazes de fazer com que o aluno atinja cada objetivo de aprendizagem pensado pelo professor e pela instituição antes de iniciar o período letivo.

> Alunos são indivíduos, e cada indivíduo responde de forma peculiar a um determinado tipo de avaliação.

Assim, ao elaboramos nossos planos, e com base neles, podemos definir quais serão as atividades de ensino, as estratégias de aula, os materiais que serão utilizados, a programação de estudos de meio, os trabalhos e as avaliações. Aqui, estamos escolhendo as estratégias de ensino que serão utilizadas em sala de aula, ou seja, como será o formato da aula, quais serão os materiais utilizados, as fontes primárias e secundárias, as escolhas bibliografias utilizadas para elaborar as aulas daquele trimestre etc.

Por fim, é importante considerar a importância da criatividade e da variedade de estratégias de ensino, sempre levando em conta que o protagonista em sala de aula deve ser o aluno. Outro elemento importante a ser bem desenvolvido são as formas de avaliar. Não é recomendável uma única forma de avaliação. Isso porque, atualmente, mesmo as escolas tradicionais, em sua maioria, entendem a aprendizagem como um processo que ocorre por meio da construção do conhecimento feita pelo aluno. Nesse processo de aprendizagem, a forma como o aluno aprende e expressa o conhecimento deve (ou deveria) ser levada em consideração. Alunos são indivíduos, e cada indivíduo responde de forma peculiar a um determinado tipo de avaliação. Há alunos que têm ótimo desempenho em avaliações objetivas, outros não. Há aqueles que participam da aula e fazem bons trabalhos, mas seu desempenho em avaliações tradicionais deixa a desejar. Justamente por isso, é preciso oferecer um leque de possibilidades, para que o aluno tenha a chance de construir e demonstrar sua aquisição de conhecimentos ao longo do processo. Como dito em outro momento, discutiremos com mais profundidade a avaliação no Capítulo 4.

(1.4)
PLANO DE AULA

O **plano de aula** tem como função orientar e organizar o trabalho que será feito em sala de aula para que determinados objetivos de ensino e de aprendizagem de um tema ou conteúdo sejam alcançados. Em um plano de aula, inserimos os objetivos e as estratégias específicas que serão utilizados para trabalhar um determinado tema e, assim, consolidar tudo o que foi pensado pelo professor em seu planejamento anual. Sem elaborar um plano de aula, corre-se o risco de perder de vista os objetivos de aprendizagem e até mesmo de dispersar-se durante o ensino de algo específico. Portanto, o primeiro passo para planejar uma boa aula é ter evidente quais são os objetivos de aprendizagem que você deseja que seus alunos alcancem.

A partir daí, deve-se pensar no formato da aula, isto é, qual estratégia será utilizada e com quais recursos.

Antes de refletirmos sobre a elaboração do plano de aula, gostaríamos de tecer alguns comentários sobre a importância de se trabalhar conceitos no ensino de História. Por exemplo, muitas vezes nos deparamos com fatos históricos ditos *revolucionários*. No entanto, se entendermos o significado da palavra *revolução* – que implica em uma mudança rápida e radical em uma sociedade, acarretando em mudanças políticas e sociais –, veremos que nem sempre um evento que recebe a denominação *revolução* foi, de fato, uma revolução[2]. Portanto, trabalhar o conceito antes de introduzir determinados temas ajuda a desenvolver no aluno uma percepção mais aprofundada sobre alguns eventos. Ademais, em nossa experiência em sala de aula, notamos que o aluno pode até esquecer fatos históricos, mas sua percepção conceitual permanece. E, na verdade, acreditamos que seja isso o mais importante, pois a apreensão verdadeira de determinados conceitos tornará o aluno capaz de pensar crítica e historicamente ao longo de sua vida e, assim, estaremos ajudando a formar cidadãos efetivamente capazes de pensar o mundo em que vivem com ferramentas mais refinadas de raciocínio.

Um exemplo que atravessa muitos temas em História é o conceito de *civilização*. Ao dedicarmos um tempo discutindo esse conceito e a importância de colocarmos em dúvida o que se convencionou chamar de *civilizado*, podemos questionar os sentidos que tal conceito carrega e que muitas vezes ao longo da história justificaram uma

---

2   De acordo com Bobbio, Matteucci e Pasquino (1998, p. 1121), *"A Revolução é a tentativa, acompanhada do uso da violência, de derrubar as autoridades políticas existentes e de as substituir, a fim de efetuar profundas mudanças nas relações políticas, no ordenamento jurídico-constitucional e na esfera socioeconômica".*

série de ações questionáveis, como os processos de colonização nas Américas e o imperialismo de fins do século XIX e início do XX na Ásia e na África.

Pensar essa palavra e sua legitimidade, observar paradigmas e ampliar a percepção do aluno sobre determinados conceitos pode mudar as perguntas que eles serão capazes de formular sobre muitos temas e, assim, expandir seu conhecimento histórico. A compreensão de conceitos opostos também eleva o nível de compreensão crítico sobre um tema ou acontecimento histórico. Nesse caso, especificamente, a compreensão do conceito de *barbárie* ajuda o aluno a pensar sobre os problemas contidos em tal dicotomia. Portanto, ao elaborar um plano de aula, é preciso que tenhamos sempre bem evidentes quais conceitos devem ser trabalhados para que, assim, possamos ir muito além do conhecimento de fatos e atingir objetivos de aprendizagem.

Ao elaborarmos um plano de aula, é fundamental ter em mente que o professor deve sempre buscar tornar intrigante o tema abordado, colocando como objeto de estudo algo que desafie o aluno a querer saber mais sobre o tema. Para isso, o conteúdo pode ser apresentado como **problema**, a fim de que o aluno inicie um **processo investigativo**. Em sala de aula, o resultado é a apresentação de múltiplos olhares, por meio dos quais o aluno aprende não apenas conteúdos, mas desenvolve a curiosidade e a capacidade de construir conhecimento. Ora, não podemos mais ignorar que a internet oferece os conteúdos, no entanto, ela não é capaz de ensinar o aluno a investigá-los. Aqui entra o papel do professor, que precisa fazer o que a internet não consegue. Por essa razão, explicações expositivas não podem mais ser o principal elemento de uma aula. Também por essa razão, o professor não pode mais ser o protagonista, o centro da sala de aula. Assim, ao planejar, devemos levar essas considerações a sério.

Outro aspecto que não pode ser esquecido em um plano de aula, especialmente na introdução de determinado tema, é a **contextualização histórica**. Ao se trabalhar, por exemplo, o "Descobrimento do Brasil", é imprescindível, antes, contextualizar o mundo daquele período em seus aspectos políticos, sociais e econômicos. Assim, inserir o referido acontecimento no contexto das Grandes Navegações e do mercantilismo, por exemplo – apenas para citar alguns aspectos –, ajuda a compreender os interesses e as ações dos europeus naquele momento. Por outro lado, não podemos mais deixar de levar o aluno a entender quem eram as pessoas que habitavam as terras invadidas e tomadas pelos europeus. Ter conhecimento da diversidade de povos, das crenças, dos costumes e dos valores e perceber que muitas fontes sobre o período são visões europeias sobre o outro encontrado nas terras distantes quebra estereótipos e muda compreensões pautadas no senso comum.

Dito isso, voltemos ao plano de aula. Aquilo que dissemos sobre o plano anual vale para o plano de aula: trata-se de uma tarefa trabalhosa, mas que oferece resultados excelentes no processo de ensino e aprendizagem. Em geral, bons planejamentos elevam o professor a um patamar de excelência profissional, pois o refinamento da escolha de cada passo em direção aos objetivos de ensino e de aprendizagem proporciona aulas criativas, bem definidas e em sintonia com o tema escolhido. Cada etapa de um plano de aula deve ser pensada com seriedade e dedicação.

Para que possamos iniciar a discussão sobre a elaboração de um plano de aula, observe o modelo a seguir.

Quadro 1.2 – Exemplo de plano de aula

PLANO DE AULA
Introdução à história dos Estados Unidos (EUA):
Mitos que consolidaram a nação

9º ano

a) **Objetivos:** Introduzir o estudo da história dos EUA com base no conhecimento crítico sobre os mitos que consolidaram a identidade nacional daquela nação no século XIX e de como estes, apesar de excluírem grande parte de sua sociedade, foram incorporados ao imaginário norte-americano. Ao final dessa aula, o aluno deve ser capaz de compreender e analisar as bases a partir da quais se deu a formação da mentalidade e da identidade dessa nação e, assim, iniciar os estudos sobre os Estados Unidos de forma crítica e aprofundada.

b) **Conteúdos:**
Mitos da colonização estadunidense.
Construção da identidade nacional estadunidense.

c) **Estratégia de ensino:**
  1. O conhecimento será construído mediante a compreensão de conceitos por meio de ação investigativa, leitura e discussão de textos, análise de imagens e de vídeos, finalizando o processo com uma produção textual dos alunos sobre os temas trabalhados.

d) **Desenvolvimento:**
  1. Questionar os alunos sobre o que sabem sobre história dos Estados Unidos e anotar as respostas na lousa.
  2. Listar na lousa o que os alunos entendem por *mito*.
  3. Discutir com os alunos sua percepção sobre o que é um *mito* e ajudá-los a refinar a própria percepção.
  4. Levar os alunos a compreenderem o mito fundador da nação por meio da leitura e da discussão de texto sobre o *Mayflower* e os Pais Peregrinos – que consolidou a ideia do *Destino Manifesto*, da excepcionalidade norte-americana e de uma nação WASP[3].

---

3 Trata-se de uma sigla usada para identificar um grupo de norte-americanos que, em tese, representam a maioria do país, cuja etnia é branca (*white*), a ascendência é *anglo-saxã* e a religião é *protestante*.

Carla Viviane Paulino

> 5. Proceder a uma análise iconográfica das obras *A chegada dos peregrinos a Massachusetts* (óleo sobre tela de Antonio Gisbert, 1864) e *Progresso americano* (John Gast, 1872).
> 6. Explanar a ideia de "missão civilizatória" norte-americana mediante a análise de cenas do seriado *Daniel Boone*.
> 7. Executar a produção textual.
>
> e) **Recursos de aprendizagem:** recurso audiovisual para apresentação das imagens e do seriado *Daniel Boone*; cópias xerocadas de texto; lousa e giz.
> f) **Metodologia de ensino:** *Backward Design*[4].
> g) **Avaliação:**
> Ao final das duas primeiras aulas:
> 1. Avaliação formativa: Em duas frases, escreva o que aprendeu hoje e, em uma frase, o que não conseguiu compreender.
>
> Ao final da quarta aula:
> 2. Avaliação somativa: Produção de um texto sobre o tema estudado.
> **Tempo: quatro aulas.**

Esse plano de aula foi pensado para introduzir a história dos Estados Unidos, do século XIX até o período contemporâneo, para alunos do 9º ano do ensino fundamental II. Nesse plano, nossa primeira preocupação é, após identificar o que os alunos sabem sobre o tema, contextualizar historicamente o período e iniciar a discussão sobre os mitos fundadores da nação. Tais mitos moldam determinadas crenças sobre o país e as pessoas que construíram sua história e implicam em um determinado jeito de tal nação se afirmar no mundo. No Brasil, ao se fundar a República, por exemplo, escolheu-se a figura de Tiradentes, que foi transformado em herói. Ou seja, esse é um processo bastante comum na construção da história de nações,

---

[4] Backward design, *ou design invertido, é uma estratégia de planejamento na qual o professor pensa primeiramente quais objetivos de aprendizagem serão cobrados dos alunos ao final do tema. Ao se pensar dessa maneira, toda a estratégia de aula é construída tendo-se em mente esses objetivos finais de aprendizagem. O professor, ao preparar essa aula, deve se perguntar: O que eu espero dos alunos no final desse processo? O que serviria como prova de que eles atingiram esse objetivo? Como eu faço isso acontecer? (Bowen, 2017).*

e o aluno deve desenvolver essa compreensão, percebendo, inclusive, que, por ser um mito, há muitas controvérsias na versão que se impõe como oficial. Desconstruir versões e compreender os motivos de determinadas escolhas nos ajuda a abordar um tema de forma mais aprofundada e carregada de sentidos, proporcionando uma série de possibilidades de se entender a história presente.

Ao observarmos o plano de aula utilizado como exemplo, vemos uma sequência pensada para atingir determinados objetivos de ensino e de aprendizagem. Como já dito, a intenção é fazer com que os alunos conheçam os mitos que formaram crenças e tradições estadunidenses, já que se trata de uma nação que internalizou fortemente tais crenças. Ao começar os estudos sobre os Estados Unidos por esse tema, os alunos conseguem pensar a hegemonia estadunidense atual, seus discursos, seu estilo de vida consumista e seu patriotismo por outra chave de compreensão. Assim, tratar desse tema na primeira aula trará discussões ricas sobre esse país quando forem estudados diferentes momentos de sua atuação no contexto global – 1ª e 2ª Guerras Mundiais, Guerra Fria, Crise de 1929 – ou na história do tempo presente, pensando as atuais políticas isolacionistas, unilaterais e xenofóbicas adotadas pelo presidente Donald Trump.

Após ter os objetivos finais bem definidos, buscamos elencar quais conteúdos serão eficientes para o atingimento das metas de aprendizagem. Na sequência, determinamos que estratégia de ensino iremos utilizar para trabalhar o tema. Com a estratégia definida, elaboramos o desenvolvimento da aula, contendo o passo a passo, que deve ser capaz de contemplar e de estar em sintonia com todos os itens já citados do plano de aula. Aqui, podemos visualizar todo o processo, no qual primeiramente o professor se situa em relação aos conhecimentos prévios do aluno sobre o tema, depois situa o aluno no tempo histórico e, na sequência, inicia um processo investigativo para discutir o conceito de *mito* e seu papel específico no processo de atribuir uma identidade a uma nação.

Feito isso, o professor apresenta os mitos fundadores da nação estadunidense, tendo como base a leitura de um texto pelos alunos, e, com o intuito de materializar ainda mais para o aluno essa percepção, procede à análise iconográfica e fílmica, trabalhando com reproduções de pinturas e trechos de um seriado, a fim de ajudá-los a desvelar o que tais imagens querem informar àquele que as observa. Note que o protagonismo é dado aos alunos, que constroem o conhecimento por meio de sua ação investigativa, seguida de debates e de análises em conjunto com os colegas da turma, finalizando o processo com uma escrita autoral na qual ele materializa o que aprendeu. Os recursos de aprendizagem também devem ser listados para que o professor tenha tempo hábil de providenciar todo o material necessário para a aula.

Ao final do estudo, que em geral toma o tempo de quatro horas-aula, busca-se realizar duas formas distintas de avaliação. A primeira é a chamada **avaliação formativa**, que, por meio de duas perguntas simples e diretas elaboradas pelo professor sobre o que foi trabalhado, ajuda o aluno a sistematizar aquilo que aprendeu no dia e a perceber os aspectos sobre os quais ainda restarem dúvidas. Após estas serem evidenciadas, o aluno poderá saná-las com a ajuda do professor ou com uma pesquisa pela internet, que deve ser feita antes da próxima aula.

Na aula seguinte, finaliza-se o tema com uma roda de discussão, na qual o professor estimula o debate sobre alguns elementos fundamentais para verificar se os objetivos de aprendizagem foram alcançados pelos alunos. Feito isso, cada aluno deve produzir, em quinze minutos, um texto sobre o tema. A esse procedimento chamamos **avaliação somativa**, pois o professor atribuirá uma nota a esse texto.

Assim, podemos considerar o processo de ensino e o processo de aprendizagem concluídos.

Finalizamos essa seção ressaltando que nem todas as escolas, infelizmente, irão cobrar do professor esses planejamentos. O alto índice de escolas que não têm nem sequer um PPP não terão essa preocupação. Nossa sugestão, nesse caso, é que você seja um estimulador para que tanto o PPP quanto os demais planejamentos sejam construídos por todos e se tornem uma prática valorizada pela escola. E aconselhamos fortemente que, independentemente de planos anuais e de aulas serem uma obrigação, você os elabore para que tenha sucesso como educador.

(1.5)
Técnicas de ensino do século XXI: metodologias ativas

Atualmente, os educadores vêm se deparando com o desafio de pensar estratégias de ensino que estejam em sintonia com os discentes do século XXI. Herdada do período medieval, a atual estrutura de ensino e aprendizagem, na qual os alunos adotam, na maior parte do tempo, uma postura passiva, vem mostrando já há algum tempo sinais de fracasso. Não é mais possível adiar a busca por métodos que efetivamente coloquem o aluno como protagonista de seu processo de aprendizagem.

Outro aspecto de enorme relevância no processo educacional é a formação de seres humanos autônomos. No âmbito da educação, entende-se por *autonomia* a faculdade de se organizar por si mesmo, de se autorregular, independentemente de controle externo. Mas, na escola, como afirma Berbel (2011, p. 26), o professor "tanto pode contribuir para a promoção de autonomia dos alunos como para a manutenção de comportamentos de controle sobre os mesmos". Assim, ao observamos a prática escolar, infelizmente notamos que predominam atuações de controle dos indivíduos muito mais do que o estímulo a sua autonomia. Ao nos colocarmos na posição ativa de detentores de conhecimento, na qual os alunos devem apenas receber os ensinamentos do professor, estamos controlando esses estudantes, privando-os de desenvolver a capacidade de buscar o conhecimento por si só. Ora, se crianças e jovens são treinados a receber, como podemos esperar deles uma postura inversa, ou seja, um desejo desafiador de buscar por eles mesmos as respostas de que necessitam para solucionar problemas? Ocorre que muitas vezes usamos da autoridade de nossa posição de docentes em detrimento do desenvolvimento da autonomia na aquisição de conhecimentos, e isso simplesmente porque não sabemos como fazer de outro modo – ou sabemos, mas não queremos fazer o esforço que essa metodologia exige ou não desejamos abrir mão do protagonismo que nos foi dado pela escola fundada na Idade Média.

Ao pensar a importância da autonomia no processo de aprendizagem, podemos afirmar que é fundamental que o discente seja motivado a desenvolver o hábito de buscar conhecimento e de resolver problemas. Do contrário, como afirma Berbel (2011, p. 27),

> *vamos encontrar os que se percebem como "marionetes", apresentando sentimentos negativos por serem externamente guiados, tendo as causas de seus comportamentos relacionadas a fatores externos, como o comportamento ou a pressão de outras pessoas. [...] Ao sentir-se obrigado a realizar algo por fatores externos, o indivíduo tem sua atenção desviada da tarefa, diminuindo as possibilidades de manifestar-se a motivação intrínseca.*

De fato, ao observarmos a indisposição dos alunos durante as aulas tradicionais, notamos a dificuldade de encontrar alunos motivados a aprender de forma prazerosa e comprometida. O professor comprometido com a autonomia dos alunos busca despertar o interesse deles pelo conteúdo, preocupa-se em explicar a importância de tal conteúdo ou de realizar determinada atividade, não usa um tom controlador, respeita o ritmo de aprendizagem de cada um e aceita as frustrações expressas pelos discentes (Berbel, 2011).

Ao estudar as **metodologias ativas**, Berbel (2011, p. 28) acredita que elas sejam capazes de favorecer a autonomia, pois

> *A implementação dessas metodologias pode vir a favorecer uma motivação autônoma quando incluir o fortalecimento da percepção do aluno de ser origem da própria ação, ao serem apresentadas oportunidades de problematização de situações envolvidas na programação escolar, de escolha de aspectos dos conteúdos de estudo, de caminhos possíveis para o desenvolvimento de respostas ou soluções para os problemas que se apresentam alternativas criativas para a conclusão do estudo ou da pesquisa, entre outras possibilidades.*
>
> *As metodologias ativas têm o potencial de despertar a curiosidade, à medida que os alunos se inserem na teorização e trazem elementos novos, ainda não considerados nas aulas ou na própria perspectiva do professor. Quando acatadas e analisadas as contribuições dos alunos, valorizando-as, são estimulados os sentimentos de engajamento, percepção de competência e de pertencimento, além da persistência nos estudos, entre outras.*

As metodologias ativas de ensino não são exatamente uma novidade. Filósofos da Antiguidade, como Sócrates e Platão, adotavam uma postura indagadora para com seus alunos, que participavam ativamente do processo de aprendizagem. Mais de dois mil anos mais tarde, Dewey (1859-1952), filósofo, psicólogo e pedagogo norte-americano, grande influenciador da Nova Escola, formulou uma pedagogia cuja aprendizagem deveria ocorrer pela ação, ou seja, o aluno deve aprender fazendo (Schmidt, 2009). Com base nessa visão, muitos outros pensadores, de diversas áreas, foram desenvolvendo ideias de ensino e aprendizagem centradas na ação do aluno. Paulo Freire, por exemplo, defendia uma pedagogia problematizadora, em que o aluno atua de forma concreta para transformar determinada realidade.

As metodologias ativas buscam propostas alternativas ao modelo tradicional de educação, a fim de oferecer melhores resultados de aprendizagem e novas possibilidades de abordagem do ensino por parte do professor. A principal estratégia de ensino/aprendizagem utilizada é a **problematização**, pois, diante de um problema, o aluno mobiliza seu repertório de conhecimentos a fim de encontrar as ferramentas necessárias para resolvê-los de forma ativa. Há, portanto, uma mescla de desafio, liberdade de ação e pensamento por parte do aluno nessa situação de aprendizagem, elementos que são altamente favoráveis.

De acordo com Barbosa e Moura (2013, p. 55, grifo do original), a

aprendizagem ativa ocorre quando o aluno interage com o assunto em estudo – **ouvindo, falando, perguntando, discutindo, fazendo** *e* **ensinando** *– sendo estimulado a construir o conhecimento ao invés de recebê-lo de forma passiva do professor. Em um ambiente de aprendizagem ativa, o professor atua como* **orientador, supervisor, facilitador** *do* **processo de aprendizagem***, e não apenas como única fonte de informação e conhecimento.*

Embora o modelo tradicional de ensino ainda seja perpetuado por muitas instituições educacionais, as metodologias ativas estão tomando um espaço importante nas discussões no campo da educação. No ensino tradicional, o aluno, na maior parte do tempo, é mero observador do professor; as metodologias ativas, como dito anteriormente, visam tornar o aluno o principal protagonista em sala de aula. A seguir, sem a pretensão de aprofundamento teórico, apresentamos algumas dessas metodologias ativas e esperamos despertar sua curiosidade e interesse para buscar leituras e cursos de formação que o capacitem para essas técnicas.

Instrução entre pares (Peer Instruction)
Caracteriza-se por instigar os alunos a discutirem entre si questões conceituais em sala de aula. O objetivo é promover a aprendizagem por meio de debates, mediante perguntas de múltipla escolha. Ao elaborar essas questões, o professor não apenas promove a aprendizagem ativa, mas também consegue diagnosticar se os alunos estão aprendendo.

Nesse processo, o professor atua em três momentos diferentes e de formas distintas: no início da aula, retoma o conteúdo de um texto lido pelos alunos ou de uma matéria dada na última aula, abordando seus principais aspectos em quinze minutos. Na sequência, inicia as perguntas de múltipla escolha. A cada resposta dada pelos alunos, os que acertaram ajudam aos que erraram a compreender qual é a resposta correta. Ao final do jogo de perguntas, o professor terá um retorno pelo número de erros e de acertos sobre a apreensão de determinados conceitos e conteúdos. Se o jogo apontar alto índice de aprendizado, está finalizado o processo. Do contrário, o professor usa os últimos dez minutos de aula para retomar os aspectos que não foram bem assimilados pelos alunos.

Aprendizagem baseada em projetos (Project Base Learning – PBL)
Metodologia que, como o próprio nome diz, trabalha por projetos, com base nos quais se dá a construção do conhecimento. Essa técnica vem ganhando cada vez mais espaço nas salas de aulas dos ensinos fundamental II e médio. É apresentada aos alunos uma proposta

de projeto de pesquisa para a criação de algo ou a resolução de um determinado problema. Determinado o tema do projeto, os alunos têm um tempo significativo para desenvolvê-lo, o que exigirá deles a pesquisa de vários elementos e a capacidade de adaptação diante do surgimento de problemas durante a execução, o que os leva a uma formação que os prepara para a vida adulta e profissional, que exigem habilidades semelhantes. Segundo Bordenave e Pereira (1982, p. 233),

> são atividades que redundam na produção, pelos alunos, de um relatório final que sintetize dados originais (práticos ou teóricos), colhidos por eles, no decurso de experiências, inquéritos ou entrevistas com especialistas. O projeto deve visar à solução de um problema que serve de título ao projeto.

O papel do professor é oferecer os fundamentos essenciais dos conteúdos exigidos para que eles possam iniciar o projeto e, durante sua execução, atuar em cada grupo orientando e oferecendo novas informações e apoio para que o projeto seja desenvolvido a contento. O mais interessante nesse tipo de aprendizagem é a possibilidade de um projeto apresentar várias respostas para um mesmo problema, fato que indica ao professor o sucesso dos alunos ao longo do processo.

Aprendizagem baseada em problemas
Consiste em uma técnica que busca promover a aprendizagem mediante um problema ainda não completamente estruturado, a fim de poder criar uma situação bastante próxima de algo real.

A vantagem dessa técnica está na exigência dos problemas apresentados, como a construção e a consolidação de conhecimentos, o desenvolvimento da capacidade de solucionar problemas e de trabalhar em equipe.

Ao receberem o problema, grupos de cerca de cinco alunos começam a elencar quais habilidades e conhecimentos devem desenvolver para poderem solucioná-lo. Em busca de encontrar respostas, os alunos pesquisam novas informações e compartilham conhecimentos com o grupo. Os professores atuam como facilitadores, ajudando no desenvolvimento de raciocínios, sem, no entanto, dar a resposta ao problema. Também procuram facilitar o trabalho em equipe e observar o desenvolvimento do conhecimento dos alunos. Normalmente, o tempo para a solução de um problema requer uma semana ou mais de aula, em que os alunos apresentam seus resultados e discutem com a sala (Hung; Jonassen; Liu, 2008).

Síntese

Neste capítulo, abordamos os aspectos fundamentais da prática diária do ofício do professor. Iniciamos discutindo as mudanças que estão sendo implantadas no currículo brasileiro, que em breve será padronizado em todo o território nacional. No entanto, observamos que, ainda assim, as escolas terão autonomia para elaborar o seu Projeto Político-Pedagógico (PPP), documento que expressa a identidade da escola, seus objetivos educacionais e a forma como ela pretende alcançar cada objetivo predeterminado.

Na sequência, vimos que existem escolas muito diferentes entre si. Como o objetivo deste capítulo não é discutir com profundidade a didática, mas sim possibilidades de ensino e aprendizagem, dividimos as escolas em duas categorias: as **escolas tradicionais**, focadas no desempenho objetivo e no vestibular, mas que podem apresentar outros valores associados à proposta de ensino; e as **escolas alternativas**, focadas no desenvolvimento global do aluno, e que diferem entre si pela linha de pensamento adotada no campo da educação. Podemos encontrar esses modelos em escolas particulares e em escolas públicas.

Por fim, tratamos sobre a importância do planejamento para que o processo de ensino e aprendizagem se concretize de forma satisfatória. Vimos que planejar o ano, o bimestre e cada aula não é mera burocracia, e sim um ato que dá ao professor a organização necessária para tornar os objetivos de ensino uma realidade.

Mostramos que o século XXI pede novas técnicas de ensino, porque as crianças e os jovens de hoje mudaram junto com o mundo. O professor cede o protagonismo na sala de aula para os alunos, que se tornam responsáveis pela construção de seu próprio saber. Dessa forma, vimos técnicas que podem e devem ser utilizadas no momento de elaborar o planejamento anual e o planejamento de aula. Com o que foi visto neste capítulo, você pode intercalar técnicas e tornar suas aulas criativas e instigantes.

Atividades de autoavaliação

1. Sobre o Projeto Político-Pedagógico (PPP), é correto afirmar:
   a) Trata-se de um documento já preparado pelo MEC e que todas as escolas devem adotar.
   b) Trata-se do planejamento geral que envolve o processo de reflexão e de decisões sobre a organização, o funcionamento e a proposta pedagógica da instituição.
   c) Trata-se de um documento cuja elaboração é de responsabilidade exclusiva do diretor ou diretora da instituição escolar.
   d) Trata-se de um documento construído apenas no início das atividades de uma escola.

2. Os planos anuais de ensino elaborados pelo professor:
   a) são irrelevantes, pois basta ao professor seguir o livro didático adotado e ministrar as aulas.

b) são relevantes, pois são documentos que ajudam o aluno a estudar, apresentando uma sequência didática para fixação dos conteúdos.
c) sistematizam a proposta geral de trabalho do professor, de acordo com sua disciplina e condizente com sua realidade em sala de aula.
d) devem trazer em seu conteúdo o planejamento de cada aula.

3. Sobre o planejamento de aula, é correto afirmar:
   a) Consiste em um documento que pode ser considerado menos importante no processo de organização de um ano ou semestre letivo.
   b) Garante a execução de uma aula coerente com os objetivos que constam no plano anual ou semestral de uma disciplina.
   c) Vem se mostrando pouco eficiente na construção de aulas de qualidade.
   d) É um documento oficial de cada instituição, entregue ao professor para que este siga todos os passos descritos no plano.

4. Sobre as novas técnicas de ensino, podemos afirmar:
   a) Estão ainda em fase de experimentação e, por isso, devemos ter cautela ao utilizá-las em sala de aula.
   b) Pretendem assegurar a autoridade e o protagonismo do professor em sala de aula.
   c) Atendem especificamente as necessidades do ensino de História.
   d) Possibilitam a formação de alunos capazes de se tornar protagonistas em seu processo de aprendizagem.

5. O ensino de determinados conceitos em História, como de *civilização* e *revolução*, é importante porque:
   a) ajuda o aluno a decorar a matéria.
   b) transforma o ensino de História em história política e transforma o aluno em pensador crítico e conhecedor dos problemas sociais de seu tempo.
   c) ajuda os alunos a verificarem erros de interpretação sobre os mais variados temas estudados em História.
   d) ajuda o aluno a sistematizar saberes, formando cidadãos conhecedores de conceitos eruditos.

Atividades de aprendizagem

1. Com base no que você estudou neste capítulo, explique a importância de inovar em sala de aula e cite exemplos de procedimentos que podem ser considerados inovadores na prática docente.

2. Leia o texto a seguir.

> ### Sala de aula invertida: a educação do futuro
>
> Outra educação é possível, na qual o aluno é o protagonista e aprende de forma mais autônoma, com o apoio de tecnologias. Isso é o que os estudiosos da área defendem há décadas, mas na maior parte das instituições de ensino brasileiras perdura o modelo tradicional de ensino: o professor expõe os conteúdos e os alunos ouvem e anotam explicações para, em seguida, estudar e fazer exercícios.
>
> Como alternativa, uma nova didática vem sendo adotada de forma crescente em vários países, colocando-se como uma das tendências da educação: a **sala de aula invertida** (*flipped classroom*). Nela, o aluno estuda os conteúdos básicos antes da aula, com vídeos, textos, arquivos de áudio, games e outros recursos. Em sala, o professor aprofunda o aprendizado com exercícios, estudos de caso e conteúdos complementares. Esclarece dúvidas e estimula o intercâmbio entre a turma.

Andrea Ramal/G1

Na pós-aula, o estudante pode fixar o que aprendeu e integrá-lo com conhecimentos prévios, por meio de atividades como, por exemplo, trabalhos em grupo, resumos, intercâmbios no ambiente virtual de aprendizagem. O processo é permeado por avaliações para verificar se o aluno leu os materiais indicados, se é capaz de aplicar conceitos e se desenvolveu as competências esperadas.

A metodologia tem alcançado resultados positivos, com impacto nas taxas de aprendizagem e de aprovação, como também no interesse e na participação da turma. Disseminada nos últimos anos pelos professores norte-americanos Jon Bergmann e Aaron Sams, foi testada e aprovada por universidades classificadas entre as melhores do mundo, como Duke, Stanford e Harvard.

Em Harvard, nas classes de cálculo e álgebra, os alunos inscritos em aulas *invertidas* obtiveram ganhos de até 79% a mais na aprendizagem do que os que cursaram o ensino tradicional. Na Universidade de Michigan, um estudo mostrou que os alunos aprenderam em menos tempo. O MIT (Massachusetts Institute of Technology) considera a *Flipped Classroom* fundamental no seu modelo de aprendizagem. O método é adotado em escolas da Finlândia e vem sendo testado em países de alto desempenho em educação, como Singapura, Holanda e Canadá.

Poderíamos discutir até que ponto a **sala de aula invertida** é mesmo uma inovação. Vygotsky (1896-1934), por exemplo, já destacava a importância do processo de interação social para o desenvolvimento da mente. Seymour Papert, na linha de Piaget, já defendia na década de 60 uma didática em que o aluno usasse a tecnologia para construir o conhecimento. E, sem ir tão longe, o próprio Paulo Freire era adepto de que o professor transformasse a classe num ambiente interativo, usando recursos como vídeos e televisão. "Não temos que acabar com a escola", disse num diálogo com Papert em 1996, mas sim "mudá-la completamente até que nasça dela um novo ser tão atual quanto a tecnologia".

Em todo caso, seja um método novo ou apenas um nome diferente para o que há muito se pensa para a educação do futuro, é fundamental que escolas e faculdades brasileiras conheçam mais sobre essa pedagogia. Sobretudo porque ela apresenta contribuições importantes para alguns dos maiores desafios do nosso alunado: motivação, hábito de leitura, qualidade da aprendizagem.

Além disso, a **sala de aula invertida** valoriza o papel do professor, como orientador dos percursos de pesquisa e mediador entre estudantes e conhecimentos. E pode ajudar a desenvolver competências como capacidade de autogestão, responsabilidade, autonomia, disposição para trabalhar em equipe.

Carla Viviane Paulino

> Sem cair no erro de importar tal e qual um modelo estrangeiro, nada impede que, no Brasil, o método seja estudado, sejam realizados estudos, ensaios e experiências e, na sequência, se adaptem alguns dos princípios e recursos para as necessidades do nosso contexto. Algumas escolas e universidades já vêm fazendo isso e, em breve, talvez verifiquemos resultados surpreendentes.

Fonte: Ramal, 2015.

Com base em sua leitura, responda:

a) Na prática, como funciona o método de ensino baseado na sala de aula invertida?
b) De acordo com o texto, quais são os resultados obtidos com esse método?

Atividade aplicada: prática

1. Com base no modelo que apresentamos neste capítulo, construa um plano anual semelhante, escolhendo um ano específico do ciclo do ensino fundamental II (6º, 7º, 8º ou 9º ano). Utilize como fonte para os conteúdos o *site* do MEC.

Capítulo 2
Trabalhando com fontes
históricas textuais, orais
e iconográficas

O objetivo deste capítulo é tecer algumas reflexões e fornecer elementos teóricos e metodológicos relativos a alguns tipos de fontes de que você possivelmente fará uso no decorrer da sua experiência profissional.

Os desafios impostos a pesquisadores e professores na área de História são múltiplos e distintos. No caso da sala de aula, um deles refere-se à escolha das fontes que serão utilizadas pelos docentes, como mediadores no processo de ensino e aprendizagem. Explorar as potencialidades que cada tipo de documento requer domínio de conhecimentos e cuidados para que a abordagem metodológica seja coerente às especificidades de cada um deles.

Desde que o estudante de História inicia sua formação acadêmica, toma contato com leituras e ouve de professores de várias disciplinas a respeito do quanto o uso de diferentes recursos didáticos e a diversidade de instrumentos avaliativos contribuem para atingir objetivos estabelecidos.

Nesse processo de construção do conhecimento, há empreitadas a serem enfrentadas no trabalho com fontes documentais. Uma delas diz respeito à necessidade de, ao tomar contato com os documentos, não apenas conhecer os fatos históricos, mas também pensar historicamente. Baseando-se em categorias de pensamentos elaborados por David Lowenthal, o historiador Daniel Vieira Helene (2016) cita cinco "modos de pensar" e as ferramentas de pensamento ou habilidades necessárias para atingir o objetivo de "pensar historicamente":

> Explorar as potencialidades que cada tipo de documento requer domínio de conhecimentos e cuidados para que a abordagem metodológica seja coerente às especificidades de cada um deles.

- Familiarity *(ou "familiaridade"): capacidade de reconhecer e localizar uma série de referências substanciais sobre um passado consensualmente compartilhado.*
- Comparative judgment *(ou "juízo comparativo"): capacidade de absorver e criticar evidências provenientes de uma ampla gama de fontes variadas e conflitantes.*
- Awareness of manifold truths *(ou "consciência de verdades múltiplas"): capacidade de entender o porquê de diferentes sujeitos serem capazes de conhecerem o passado de maneiras diferentes.*
- Appreciation of authority *(ou "avaliação de autoridade"): capacidade de reconhecer o que se deve aos precursores e à tradição, ao mesmo tempo evitando a veneração cega ou a adesão sem questionamento às perspectivas anteriores.*
- Hindsight *(ou "retrospectiva"): consciência de que conhecer o passado não é como conhecer o presente e que a História muda, na medida em que novos dados, percepções, contextos e sínteses são descobertos e/ou produzidos.* (Helene, 2016, p. 37)

É importante notar que "pensar historicamente" representa um processo bem mais amplo do que gravar, guardar informações, absorver, memorizar dados, datas, fatos sobre o passado. Envolve pensar de forma mais crítica e profunda sobre conteúdos, sujeitos e fatos aprendidos, e esse é um processo complexo que envolve um contexto no qual participam como sujeitos o professor e os alunos. Convém acrescentar que, por se tratar de uma ação que envolve a construção do conhecimento, requer o desenvolvimento de habilidades imprescindíveis a qualquer trabalho intelectual. Retomando Helene (2016, p. 248), apresentamos a síntese do conceito:

> *Este* **pensar historicamente** *é construído pelos alunos a partir de suas concepções anteriores, de seus conhecimentos prévios, que por isso mesmo*

precisam ser levados em conta durante todo o de processo ensino e aprendizagem, se o nosso objetivo é que eles possam desenvolver ideias cada vez mais complexas sobre a História e o mundo social.

Nesse processo, caberá ao professor possibilitar que seus alunos elaborem transformações nos seus conhecimentos históricos prévios; e os alunos, além da experiência da "descoberta"[1], encontrarão os ganhos advindos da formação de um pensamento crítico. Os meios privilegiados para atingir esses fins serão as fontes ou os documentos. Eles comporão o seu repertório para trabalhar os vários conteúdos que compõem a matriz curricular da disciplina de História.

(2.1)
PERSPECTIVAS DE CORRENTES HISTORIOGRÁFICAS SOBRE AS FONTES

Sabemos o quanto os conceitos são significativos quando a questão é o conhecimento científico. Assim, queremos dedicar um espaço deste capítulo para tratar das possibilidades de interpretações para **fonte** ou **documento histórico**.

Há, por parte de segmentos de pesquisadores, uma clara preferência pelo emprego da expressão *fontes históricas*. Isso não quer dizer, de modo algum, que o emprego do termo *documento histórico* seja inadequado. A opção se deve, em parte, ao fato de que a expressão *documento histórico* esteve, em alguma medida, associada à historiografia positivista. Desde a consolidação da área de História como

---

[1] *Discorrendo sobre os dilemas e deleites de aprender História, o historiador David Lowenthal trata da "surpresa" e da necessidade de "perplexidade" diante do conhecimento histórico, que, segundo sua perspectiva, produziriam o "prazer da descoberta" (Lowenthal, 2000, citado por Helene, 2016).*

ciência, no século XIX, o termo *documento histórico* – aplicado aos documentos oficiais preservados em arquivos – tornou-se recorrente. Em sua origem, esteve diretamente relacionado à ideia de **prova**. Tal visão já foi superada há um bom tempo. Hoje, os profissionais da área de História entendem a ideia de documento ou suas fontes históricas bem mais como **evidências do passado** e, ainda, como **discursos que precisam ser analisados e discutidos**.

Nos parágrafos e páginas seguintes, procuraremos contextualizar historicamente os passos das mudanças sobre o estatuto do documento histórico.

Ao longo do século XIX, com a predominância do pensamento e da concepção de se fazer ciência buscando objetividade, precisão e "provas", acabou prevalecendo uma perspectiva restrita acerca da ideia de documento histórico. Aspirando a uma relação neutra e objetiva do passado e buscando a construção da "verdade histórica", as fontes privilegiadas e consideradas dignas de valor eram os documentos públicos e oficiais.

Os profissionais que se incumbiam de escrever as versões da história defendiam que a adoção de uma atitude de distanciamento de seu objeto resultaria em um conhecimento histórico objetivo e fiel aos fatos do passado. Para tanto, privilegiavam a análise dos acontecimentos políticos. Valorizavam as atuações individuais dos "grandes homens" – elites políticas, militares, sociais e culturais – e seus "feitos notáveis". Havia nessa forma de narrativa histórica uma perspectiva moral e cívica, posto que os personagens focalizados tinham como objetivo servirem de exemplos aos contemporâneos.

Em oposição às perspectivas do positivismo, surgiu, no decênio de 1920, a Escola dos *Annales*[2], que iniciou uma revolução em termos de mudanças concernentes à noção de documento. As mudanças propostas por essa corrente historiográfica opunham-se a uma história política tradicional. Jacques Le Goff (2005, p. 31), um de seus grandes expoentes, nos dá um vislumbre da visão dessa corrente que critica a forma como os historiadores positivistas escreviam a História:

> *Essa história política que é, por um lado, uma história narrativa e, por outro, uma história de acontecimentos, uma história fatual, teatro de aparências que mascara o verdadeiro jogo da história, que se desenrola nos bastidores e nas estruturas ocultas em que é preciso ir detectá-lo, analisa-lo, explicá-lo [...]. Os verdadeiros motivos, "há motivos geográficos, há motivos econômicos, sociais também, e intelectuais, religiosos e psicológicos" [...]. O essencial, no entanto, é esse apelo a uma história profunda e total.*

No excerto, Le Goff (2005) sintetiza a proposta então vigente da corrente histórica, que propunha a tarefa ousada de elaborar uma História "totalizante", por meio da incorporação de novos temas, perspectivas, sujeitos históricos e fontes. Esse mesmo historiador, ao definir a contribuição de *Annales*, escreve:

> *A História nova ampliou o campo do documento histórico; ela substituiu a história de Langlois e Seignobos, fundada essencialmente nos textos, no documento escrito, por uma história baseada na multiplicidade de documentos: escritos de todos os tipos, documentos figurados, produtos*

---

2 *A Escola dos Annales foi um movimento de renovação da historiografia iniciado na França, no final dos anos 1920, com a fundação da Revista dos Anais de História Econômica e Social, por Marc Bloch e Lucien Febvre, que reuniram em torno de si pesquisadores de outras ciências humanas, propondo a escrita da História que privilegiasse o social e o econômico, em detrimento do político.*

de escavações arqueológicas, documentos orais etc. Uma estatística, uma curva de preços, uma fotografia, um filme, ou, para um passado mais distante, um pólen fóssil, uma ferramenta, um ex-voto são, para a história nova, um documento de primeira ordem. (Le Goff, 2005, p. 28-29)

Como se vê no trecho citado, não são somente os documentos escritos e oficiais que deveriam ser dignos de serem analisados. Toda essa renovação historiográfica defendida por essa corrente de pesquisadores produziu ganhos, ampliando a noção de documento. Desde então, houve notável ampliação da concepção acerca do que poderia ser considerado "fonte histórica". Além dos já reconhecidos e tradicionais documentos textuais – como registros de cartórios e arquivos, processos criminais, cartas legislativas, correspondências públicas e/ou privadas –, a historiografia passou a considerar a inclusão de outros registros. O entendimento que pautava essa perspectiva era o fato de que outros registros produzidos pelo homem também poderiam ser explorados, com condições de fornecer testemunhos ou serem analisados como um discurso oriundo do passado.

A partir dos anos 1960, ocorreram novas mudanças relacionadas ao estatuto da disciplina e de transformações teóricas, que ampliaram ainda mais o repertório de fontes possíveis ao trabalho do historiador. As renovações teóricas levaram ao abandono de ortodoxias sobre o "fazer História" e à aceitação da pluralidade de escolhas e diversidade de abordagens (Gomes, 1998, p. 122). Passou-se a valorizar ainda mais o diálogo com outras áreas do conhecimento, inclusive com a psicanálise. Desde então, tem-se procurado estabelecer novos procedimentos metodológicos de análise das fontes, a incorporação de novos objetos, fontes e metodologias, levando ao abandono da noção de "verdade" em História.

Essas escolhas estavam pautadas no entendimento de que era preciso rever a dicotomia ou as fronteiras rígidas entre o social, o político e a cultura, defendendo o entrecruzamento entre essas áreas e os campos de ação dos sujeitos. Assim, as perspectivas metodológicas ligadas à história cultural propuseram a revisão das "oposições entre coletivo e individual e entre quantitativo e qualitativo, assumindo um enfoque que trabalha com ambos os termos, mas que, em função da reação que representa, inova, ao postular a dignidade teórica do individual e a fecundidade metodológica do quantitativo" (Gomes, 1998, p. 123).

Incorporada à ideia da ampliação da noção de documento, segue-se o desafio de compreender que a utilização de um *corpus* documental na prática didática é, além de uma exigência, um ganho no processo de construção do conhecimento. Queremos chamar sua atenção, caro leitor, para o fato de que tomar documentos históricos como *documentos históricos* é um exercício desafiador. A expressão que você acabou de ler lhe pareceu esquisita? Conforme lembra o pesquisador e professor de História Daniel Vieira Helene (2016), esse é um objetivo que pode parecer redundante, mas trata-se de algo central quando estamos lidando com a História em um contexto anterior ao universitário. Torna-se decisivo que professores compreendam que será um aprendizado fundamental para os estudantes se aproximarem dos documentos históricos e começarem a elaborar questionamentos sobre os fragmentos do passado, os "restos" que chegaram até nós (Helene, 2016).

A diversidade de tipos de documentos é grande. Se fôssemos organizá-los em grandes grupos, poderíamos separá-los em **textuais**, **orais**, **iconográficos** e **audiovisuais**. Com base nessas categorias, poderíamos fazer uma lista muito longa de possibilidades de aplicação e de uso dessas fontes, assim como de diferentes linguagens (quadrinhos, *outdoors*, jornal, cinema, letra de música, anúncios etc.) em sala de aula.

Apropriar-se desse grande repertório de possibilidades em sala de aula é de grande valia. Entretanto, é necessário estar ciente de que cada uma das fontes exige estudos e domínio da metodologia para seus respectivos usos.

Neste capítulo falaremos especificamente sobre as fontes textuais, orais e iconográficas (ou visuais). Não trataremos sobre as fontes audiovisuais, mas no Capítulo 3 desta obra você estudará sobre o tema "cinema em sala de aula".

(2.2)
FONTES TEXTUAIS

Em geral, as **fontes textuais** são as mais utilizadas por professores e pesquisadores da área de História. O fato de elas trazerem informações escritas favorece fortemente seu manejo em sala de aula. Entre as muitas fontes desse tipo existentes, podemos citar: manuscritos, jornais, revistas, livros, diários pessoais, cartas, testamentos, receituários, discursos, letras de músicas, textos de órgãos públicos (inumeráveis possibilidades), religiosos ou de empresas.

Frequentemente, parte desse tipo de documentação é catalogada e preservada sob os cuidados de arquivos universitários ou governamentais (arquivos públicos estaduais e municipais, bibliotecas públicas etc.), igrejas, centros de memórias de empresas e instituições diversas ou em coleções particulares. Contudo, cremos ser relevante ressaltar que, no trabalho em sala de aula, o professor pode e deve se apropriar daquelas fontes às quais os alunos tenham maior facilidade de acesso, como jornais, revistas, letras de músicas, entre outras.

Diante da grande diversidade que compõe o grupo de fontes textuais, optamos por nos circunscrever a uma abordagem que se limita à imprensa escrita (dando ênfase aos jornais), pelo fato de serem muito utilizadas em pesquisas e de fácil acesso ao trabalho em sala de aula. Depois, vamos nos concentrar na discussão sobre as *biografias*, gênero que ainda enfrenta resistências por parte de historiadores-pesquisadores, mas que faz muito sucesso entre o público leitor e, provavelmente, entre muitos alunos.

2.2.1 O TRABALHO DO PROFESSOR-HISTORIADOR COM JORNAIS E REVISTAS

Assim como outros documentos, jornais e revistas também enfrentaram resistências até serem reconhecidos como fontes de estudo. Em parte, pelo desconhecimento acerca de suas potencialidades, mas, principalmente, pela ausência de estudos sobre a metodologia no uso dessas fontes. Conforme sublinha a historiadora Tânia Regina de Luca (2006, p. 111, grifo do original):

> *Na década de 1970, ainda era relativamente pequeno o número de trabalhos que se valia de jornais e revistas como fonte para o conhecimento da história do Brasil (...). Reconhecia-se, portanto, a importância de tais impressos e não era nova a preocupação de se escrever a História* **da** *imprensa, mas relutava-se em mobilizá-los para a escrita da História* **por meio da** *imprensa.*

A pesquisadora ressalta o deslocamento ocorrido, pelas transformações advindas das renovações no campo historiográfico, com os pesquisadores da Escola dos *Annales*. Mas é importante destacar que a incorporação dessas fontes não ocorreu, de imediato. Mesmo com as iniciativas em prol de mudanças relacionadas ao estatuto das fontes, elas continuaram relegadas a uma espécie de limbo, como a primeira geração dessa corrente historiográfica. Somente com a terceira geração, sobretudo com Jacques Le Goff e Pierre Nora, houve a compreensão acerca da necessidade da incorporação de um "novo tipo de História", que contemplasse três processos nessa nova forma de "fazer história": novos problemas, abordagens e objetos. Maria Lígia Prado e Maria Helena Capelato – que, em O *bravo matutino*, desenvolveram pesquisas com abordagens metodológicas pioneiras, por meio da análise de um jornal de grande circulação, O *Estado de S. Paulo* – já chamavam a atenção para o fato de que jornais e revistas são mais que "meios de comunicação":

> *A escolha de um jornal como objeto de estudo justifica-se por entender-se a imprensa, fundamentalmente, como instrumento de manipulação de interesses e de intervenção na vida social; nega-se, pois, aqui, aquelas perspectivas que a tomam como mero "veículo de informações", transmissor imparcial e neutro dos acontecimentos, nível isolado da realidade político-social na qual se insere*[3]. (Prado; Capelato, citadas por Luca, 2006, p. 118)

A expansão da ótica relacionada às fontes no campo de pesquisa em História acrescentou aspectos ligados ao humano em uma dimensão mais ampla: o inconsciente, o mito, as mentalidades, as práticas culinárias, o corpo, aspectos ligados ao cotidiano, filmes, festas, morte. Nessas novas produções historiográficas, evidenciou-se a inclusão de análises que passaram a considerar sujeitos que, durante longos períodos históricos, foram sub-representados ou estiveram

---

[3] Tânia Regina de Lucca (2006) cita os trabalhos precursores de Arnaldo Contier, Imprensa e ideologia em São Paulo *(1973), e os trabalhos de mestrado das pesquisadoras Maria Helena Rolim Capelato e Maria Ligia Prado (1974), que foram fundidos no livro que recebeu o título de* O bravo matutino *(1980).*

ausentes nas abordagens. A já mencionada renovação da história política, associada ao âmbito da história cultural, também corroborou para a incorporação de novos temas e fontes.

Atualmente, há muitos estudos que proporcionam condições ao professor para discutir uma série de assuntos relacionados à imprensa (jornais e revistas). Consideramos pertinente chamar a atenção dos discentes para a ideia de que existe uma empresa por trás de toda a produção, assim como o fato de que há um financiamento para que a produção se efetive. Esse último dado não é, de modo algum, irrelevante – ou seja, deve-se considerar quem são os anunciantes na publicação. No caso da produção, deve-se levar em conta a divisão do trabalho e da especialização ali existentes, o que inclui a presença e tarefas técnicas de repórteres, desenhistas, fotógrafos, articulistas, redatores, críticos, revisores e operários que são encarregados da impressão e cuidam da distribuição do material.

Necessário, ainda, chamar atenção para a organização interna de conteúdo nesses meios que são produtores de opinião e incentivadores de consumo. Para tanto, torna-se importante ponderar e discutir os conteúdos existentes, sejam reportagens e entrevistas, sejam seções dedicadas a assuntos policiais, esportes, política, lazer, vida social, cultura e crítica literária.

No que concerne à problematização das fontes, um dos temas que julgamos mais relevantes está relacionado à ideia equivocada ou "crença" de que jornais e revistas visam, apenas, "informar". Em outras palavras, que as notícias veiculadas ali respeitam, rigorosamente, a "verdade dos fatos".

Há outro aspecto que merece atenção quando se considera escolhas didáticas e metodológicas que utilizam jornais e revistas como fontes e objetos em sala de aula. Referimo-nos à discussão sobre o papel da publicidade e das propagandas presentes ali, já que se constitui em uma das principais fontes de recursos para a produção e a manutenção desses meios de comunicação. O lugar, as funções e as implicações relacionadas aos anunciantes são dados bastante relevantes a serem pensados e discutidos em sala de aula com os alunos, a fim de que possam compreender o quanto esses "detalhes" podem interferir nas perspectivas das "notícias" apresentadas ao público. As relações mantidas (ou não) com o mercado, o tipo de publicidade presente, o público e os objetivos que se visa atingir são questões que não devem ser ignoradas.

Além de se constituírem em fontes documentais interessantes a professores e pesquisadores, o acesso a jornais e revistas não é difícil. Os arquivos municipais e estaduais guardam grande parte desse material em seus acervos. No caso do trabalho em sala de aula, possivelmente os professores não enfrentarão dificuldades em explorar essas fontes para analisar a abordagem de um determinado tema da História presente.

A seguir, indicamos algumas orientações que consideramos importantes quando se deseja usar jornais ou revistas como fontes de análise, de discussão e de atividades em sala de aula. Oriente seus alunos a observarem os seguintes aspectos, apontados por Pinsky (2006):

- Caracterizem o grupo responsável pela publicação dos jornais e/ou revistas analisados.
- Procurem pesquisar e avaliar as motivações que levaram o jornal (ou revista) a dar publicidade ao assunto destacado ali.
- Investiguem cuidadosamente o grupo responsável pela linha editorial, os colaboradores mais assíduos, a escolha dos títulos e manchetes das reportagens.
- Atentem para as relações (ou ausência de relação) entre texto e imagem.
- Busquem comparar a abordagem de determinados jornais e revistas, a fim de observar as diferenças nas perspectivas ideológicas presentes na linha editorial daquelas fontes que estão sendo analisadas.

> - Observem como as temáticas sociais (movimentos sociais de luta pela terra e moradia, desigualdades educação e saúde pública, entre outros assuntos) são abordadas por esses veículos de comunicação.
> - Interroguem acerca das ligações entre os diferentes poderes e interesses financeiros envolvidos com a publicação. Quais são as fontes de receitas? Quais são os principais anunciantes da publicação?
> - Analisem todo o material de acordo com a problemática escolhida.

Por meio da observância dessas dicas e orientações, será possível perceber que, ao tomar contato com jornais e revistas, há bem mais a se considerar do que apenas as informações explícitas e perceptíveis a um primeiro olhar. O professor, como intermediador do conhecimento e incentivador do pensamento crítico, pode e deve alertar que, em jornais e revistas, além do anunciado propósito de anunciar e/ou entreter, há interesses, perspectivas políticas e/ou ideológicas que não podem passar despercebidas.

2.2.2 O TRABALHO DO PROFESSOR-HISTORIADOR COM BIOGRAFIAS

Como mencionamos anteriormente, as transformações ocorridas com a renovação historiográfica nos campos da história cultural e da nova história política trouxeram novas perspectivas de análise e a incorporação de novos tipos de documentos. Em alguns casos, tratou-se muito mais de alterações relacionadas às abordagens teóricas e metodológicas no trato das fontes. Distante da proposta das biografias tradicionais, que idealizavam personagens políticos – na maioria das vezes, homens brancos ocupantes do poder –, no ambiente de sala de aula as biografias passaram a ser vistas como ricas oportunidades de discussão de temas, personagens e contextos.

Claro que a escolha pelo uso de biografias para o desenvolvimento de conteúdos exige habilidades e competências do professor como mediador do conhecimento. Assim como em outros documentos, será necessário que o docente tenha a preocupação de problematizar as fontes e esteja preparado para isso, discutindo as estratégias discursivas e as finalidades das propostas biográficas.

Em *O desafio biográfico* (2009), o historiador François Dosse cita Daniel Madelénat, o qual, na obra *La biographie* (1984), diferencia três paradigmas entre as biografias: a **clássica**, que cobre o período entre a Antiguidade e o século XVIII; a **romântica**, entre o fim do século XVIII e o início do XX, que exprime uma necessidade nova de intimidade e de conhecimento dos segredos da vida familiar; e, por fim, a biografia **moderna**, nascida do relativismo e das leituras ao mesmo tempo mais historicamente enquadradas, enriquecidas pelas contribuições tanto da sociologia quanto da psicanálise.

Ao discutir as conclusões de Madelénat, Dosse (2009) não nega a evolução do gênero, ressaltando e reconhecendo que as biografias sofreram mutações profundas. Contudo, optou por distinguir três modalidades da abordagem biográfica: a idade heroica, a idade modal e a idade hermenêutica.

Primeiro, na **idade heroica**, a biografia prestou-se ao discurso das virtudes e serviu de modelo moral e edificante para educar, transmitir valores heroicos existentes e que deveriam ser perpetuados para as gerações futuras. Em seguida, na **idade modal**, que corresponde tanto a um momento histórico quanto a uma forma de abordagem do gênero, descentralizar-se o interesse pela singularidade do percurso recuperado, a fim de visualizá-lo como representativo de uma perspectiva mais ampla. Ou seja, o indivíduo biografado tem valor na medida em que ilustra o coletivo, tornando-se uma espécie de tipo idealizado para revelar ao leitor o comportamento médio das categorias sociais do momento em que vive ou viveu. Na terceira modalidade da abordagem biográfica, a **idade hermenêutica**, há maior sensibilidade e aceitabilidade às manifestações de singularidade. Os processos de subjetivação e a pergunta sobre "o que é sujeito" alimentam a renovação da escrita biográfica, representando a era da hermenêutica e da reflexividade (Dosse, 2009).

Dosse (2009) afirma, ainda, que, se conseguirmos detectar uma evolução cronológica entre essas três idades, veremos claramente que os três tipos de tratamento da biografia podem se combinar e aparecer no curso do mesmo período.

Entre os leitores, as biografias sempre exerceram e continuam exercendo grande fascínio. Nas listas das vendagens de livros, as biografias ocupam, quase sempre, os primeiros lugares. Ninguém nega que muitas daquelas vendidas pelo mercado editorial são textos muito bem escritos e, portanto, envolventes. É interessante considerar que raramente se leva em conta a natureza transgressora da biografia. Ao tratar sobre essa questão, o historiador Benito Schmidt (2014, p. 126) afirma que o contato com essas fontes representa, para muitos, "uma atividade excitante e proibida". Janete Malcom (citada por Schmidt, 2014, p. 124) escreve que, na escrita de biografias, "é estabelecida uma espécie de cumplicidade entre o leitor e o biógrafo", pois esse último consegue construir uma atmosfera para o primeiro, algo semelhante a "atravessar o corredor na ponta dos pés, parar diante da porta do quarto e espiar pelo buraco da fechadura" (Schmidt, 2014, p. 124).

Quando nos deparamos com listas das obras mais vendidas e percebemos as biografias ocupando as primeiras posições, não é difícil observar que nenhuma foi escrita por um historiador. As reservas podem ser explicadas, segundo Schmidt (1997), pelas formas distintas com as quais historiadores veem e escrevem biografias. Algumas das técnicas utilizadas por muitos biógrafos do mercado editorial para captar leitores e vender livros são vistas com desconfiança e reserva por grande parte dos historiadores. Primeiramente, precisa-se considerar que historiadores não estão necessariamente apreensivos em fazer de suas pesquisas *best sellers*. Em geral, estão bem mais preocupados com a problematização da personagem e em fazê-la ser entendida por meio de seu contexto histórico e de questões e problemas de seu tempo, em detrimento de particularidades da vida privada do biografado que, geralmente, é o que mais produz vendagens.

Lidar com a narrativa do indivíduo sem cair na armadilha da psicologização e do subjetivismo é um desafio a ser enfrentado por quem lida com as biografias, seja como fonte, seja como objeto de estudo. Sobre essa questão, vale a pena ponderar algo destacado pelo célebre historiador Eric Hobsbawm (1991, p. 41): "Os acontecimentos, o indivíduo, e mesmo a reconstrução de algum estado de espírito, o modo de pensamento, o passado, não são fins em si mesmos, mas constituem o meio de esclarecer alguma questão mais abrangente, que vai muito além da história particular e seus personagens".

A questão da subjetividade é um dos empecilhos que explicam parte da postura de cautela por parte dos historiadores ante as biografias, embora não seja a única objeção. Como sublinha Vavy Pacheco Borges (2006), com frequência, o que se verifica em muitas das biografias do mercado editorial é que são marcadas por idealizações simplistas, assim como "falsas polêmicas em torno de pessoas famosas, visando a uma grande vendagem" (Borges, 2006, p. 212).

Alguns pesquisadores indicam que, em muitas dessas produções biográficas, é comum a construção de um personagem dotado de "racionalidade", unidade do eu, trabalhando com a ideia de que a vida segue uma linearidade.

O sociólogo francês Pierre Bourdieu (2006) é um dos críticos dessa prática comum em algumas biografias campeãs de vendas pelo mercado editorial. Crítico do método aplicado por muitos escritores e pesquisadores que usam o recurso de "escrita da vida", Bourdieu (2006) se opôs ao que chamou de "ilusão biográfica". Segundo ele, para que essa ilusão seja criada, são utilizados diversos procedimentos: atribui-se intencionalidades ao "eu" do personagem. Nessa empreitada, os autores constroem personagens de maneira teleológica, ou seja, com propósitos e destinos a serem cumpridos. Narra-se "a" vida com começo, meio e fim, alinhavada por uma lógica que define sua razão de ser. Portanto, as narrativas são organizadas com certo "sentido de existência", significados, linearidade, coerência, tentando unificar o "eu". Geralmente, essas narrativas partem de uma noção de identidade,

> *entendida como constante ou mesmo de um ser responsável, ou seja, previsível ou pelo menos "inteligível", a partir de recomposições de totalidades e anulações de contradições, de forma oposta ao sujeito fracionado, multifacetário – que é o sujeito real, busca-se recompor totalidades, anular contradições e fazer prevalecer a coerência.* (Bourdieu, 2006, p. 183-184)

Desse trecho de Bourdieu (2006), entende-se que tanto o pesquisador que toma as biografias (ou memórias, autobiografias) como objeto de análise quanto o professor que se propõe a trabalhar alguns conteúdos e personagens por meio delas necessitam pensar os vários elementos na interpretação de um sujeito. É preciso salientar o fato de que dentro da unidade individual existe uma divisão interna, uma multiplicidade e, ainda, a impossibilidade de esgotamento do "eu".

É importante ressaltar que quem tem se debruçado sobre os problemas metodológicos e teóricos relativos a essas fontes afirma que é possível explorar as subjetividades sem, no entanto, cair em subjetivismos ou psicologização do personagem (Borges, 2006).

No trato com biografias – seja como pesquisador, seja como leitor ou escritor –, não se deve ignorar que a ausência do distanciamento crítico em relação às fontes e ao objeto de estudo e o desejo de compor uma versão definitiva da narrativa de vida comportam outro risco: a ilusão de se poder chegar ao "verdadeiro" personagem. A narrativa sobre a vida de alguém, em forma de biografia, deve deixar claro que, do que se levantou sobre o pesquisado, há afirmações seguras e comprovadas pelas fontes; outras são hipotéticas, e permanecerão existindo, ainda, lacunas que outros pesquisadores daquele sujeito histórico continuarão buscando preencher. Tal perspectiva dá conta de um alerta feito por estudiosos do assunto que apontam para a clareza que se deve ter de que é impossível o "esgotamento do eu" (Borges, 2006). Haverá inúmeras outras possibilidades de surgimento de novidades – seja por meio das fontes, seja das perspectivas escolhidas na abordagem – nas construções narrativas sobre determinado biografado. No caso do uso das biografias em sala de aula, caberá ao docente provocar tais reflexões críticas.

Outro risco comum na relação biógrafo-biografado, ao qual o professor deve estar atento, é a tentativa de "reabilitação" do personagem na História por parte do autor da obra. Nessa aproximação e tentativa de reconstrução e/ou reabilitação do personagem, o pesquisador corre o risco de buscar "devolver a vida" – como se possível fosse – do biografado no "tribunal" da História, por meio da reunião de documentos e testemunhos.

Não se pode desconsiderar que, aos poucos, a postura de reserva em relação às biografias – seja como fonte, seja como objeto de estudo – vem se atenuando. Em grande medida, devido aos avanços no trato metodológico e teórico dessas fontes.

Grandes historiadores ousaram enfrentar os desafios das biografias históricas. Jacques Le Goff, um dos mais importantes, foi um deles. Esse pesquisador enfrentou a demanda de escrever *São Luís*, referente a Luís IX, que governou a França entre 1226 e 1270.

Na apresentação da obra aos leitores, o autor escreveu que iniciou os trabalhos interrogando-se acerca das implicações e exigências do gênero. Constatou, inicialmente, que "a biografia histórica é uma das maneiras mais difíceis de fazer História" (Le Goff, 2002, p. 20). Superado o sentimento de deslocamento inicial, compreendeu que esse objeto de estudo trazia a ele, como pesquisador, "quase todos os problemas de investigação e da escrita histórica com os quais até então me tinha deparado" (Le Goff, 2002, p. 20-21).

Le Goff (2002) também ressalta que esse gênero, apesar de "estar na moda", não é um exercício fácil, já que não basta que o autor esteja suficientemente documentado e tenha facilidade de escrever. Descreveu, ainda, que teve necessidade de se perguntar se era possível, através das fontes, chegar perto de um São Luís "verdadeiro", "verdadeiramente histórico". E, confirmando a impossibilidade de "esgotamento do eu", desistiu de buscar o conhecimento integral do indivíduo em questão. Posteriormente, a obra tornou-se uma das mais completas biografias históricas já produzidas, mas, ainda assim, seu autor chamou-a de "tentativa de biografia" (Le Goff, 2002, p. 29).

Nessas produções, tais como o clássico de Le Goff (2002), nas quais são tomados os cuidados no trato metodológico das fontes, nota-se que seus autores estão resgatando diferentes facetas dos personagens, diferentemente das biografias tradicionais, que privilegiavam apenas feitos notáveis ou a vida pública. Emergem, ali, facetas complexas do indivíduo biografado, conectadas aos contextos históricos, sociais e culturais do tempo e dos espaços em que viveu, bem como aspectos ligados ao inconsciente, à dimensão privada e ao cotidiano. Assim, trajetória individual e contexto social, ações e pensamentos do personagem não devem ser vistos ou apresentados (para o caso dos biógrafos) de forma isolada. Nesse sentido, também devem ser considerados os imaginários políticos e sociais de uma época, de sua cultura e dos grupos humanos contemporâneos a ela, por exemplo. O que estamos querendo afirmar é que o sujeito histórico não está totalmente isolado da cultura do tempo e do espaço vividos.

Existem ótimas biografias escritas por historiadores. Entre os grandes nomes da historiografia, além de Le Goff, com as obras *São Luis* e *São Francisco*, também Georges Duby, com *General Marechal*; Natalie Zemon Davis, com *O retorno de Martin Guerre*; Eric J. Hobsbawm, com *Pessoas extraordinárias*; Carlo Ginzburg, com *O queijo e os vermes*, entre outros. Este último, muito interessante por se tratar de um estudo inovador, ligado à escolha metodológica da micro-história, trata sobre o cotidiano e as ideias de um personagem anônimo, o moleiro Mennocchio, perseguido pela Inquisição.

E em sala de aula, as biografias podem ser úteis? Como utilizá-las? Quais motivos podem ser apresentados para a escolha? Com base em Borges (2006), em Pinsky (2009) e em Silva (2009), apresentamos alguns desses motivos:

- As biografias fazem sucesso entre os jovens. Entre os mais diversos gêneros, elas ocupam os lugares mais altos do *ranking* dos mais lidos.
- Permitem o estudo do contexto histórico por meio de um representante, um personagem.
- Possibilitam abordagens distintas.
- Permitem a discussão sobre as representações construídas sobre o/a biografado.
- Possibilitam problematizar a mistificação – ou demonização – em torno dos personagens históricos, discutindo as "guerras de imagens" presentes nessas fontes, dependendo do período em que foram escritas e o viés ideológico por parte de quem as produziu.

Como você pode perceber, a escolha pela análise de biografias oferece inúmeras vantagens ao docente em sala de aula para explorar, por meio da trajetória individual, aspectos da cultura, da política e do cotidiano dos períodos históricos, perspectivas, imagens e representações díspares sobre o personagem estudado. Tudo isso também levando consideração o tempo, os interesses em jogo, a visão de mundo do biógrafo etc. Isso exigirá tempo, gosto e disposição para leituras, mas os resultados podem compensar os esforços empreendidos.

A seguir, apresentamos algumas dicas (Silva, 2009) que podem ser aplicadas no contexto de sala de aula. Com base em conteúdo programático e interesses específicos, o professor deve:

- Selecionar personagens e biografias.
- Verificar a **disponibilidade de obras e dados** biográficos sobre os personagens escolhidos.
- Escolher a abordagem apropriada. Exemplos:
    a) Introdução a um período histórico: *Chica da Silva e o contratador de diamantes*, de Júnia Ferreira Furtado (2003).
    b) Ilustração do contexto histórico do personagem (*Dom Quixote*, de Miguel de Cervantes)
    c) Oportunidade para incorporar a interdisciplinaridade: literatura, cinema, quadrinhos.

Encerrando esta seção sobre as biografias, queremos insistir na necessidade de o professor não se eximir ou não se esquecer de questionar e "desconstruir" o documento. Isso se aplica, também, às biografias – tanto aquelas escritas por historiadores quanto por jornalistas/escritores. Quais as representações construídas sobre o sujeito biografado? O que se buscou? Para quem? Por quê? Esse posicionamento diante da fonte permitirá que o leitor da biografia não aceite, inocentemente, que a obra lhe desvendou o "verdadeiro" personagem.

(2.3)
Fontes orais

A valorização da **história oral** e seu uso em pesquisas por parte de historiadores têm marcos importantes que apontam para os anos 1970, também após as renovações nos campos da história cultural e política, conforme já nos referimos.

Inicialmente, seu uso veio responder às demandas de **fazer a história de quem não pode contar sua história** ou, como se costuma dizer, dos "sem história". A proposta visava dar maior fôlego à visão de que a história cartorial, produzida e baseada nas e sobre as elites, fundamentada em fontes escritas, não era suficiente para contemplar a diversidade que envolve as lutas políticas, os imaginários, os valores, os costumes e o cotidiano de segmentos sociais que não ocupam o poder.

Nos anos 1980, intensificou-se a busca de técnicas e formas de trabalhar as histórias de vida, colhidas de depoimentos e pela inserção destes no que se denominava *memória social*.

Desde então, passou-se a afirmar a importância da história oral como forma de valorizar e de tirar do esquecimento a memória de grupos sociais anônimos, marginalizados ou sub-representados, ou seja, sujeitos históricos aos quais a história oficial destinou o silêncio: negros, operários, mulheres, entre outros. Assim, a escrita da História utilizando-se de fontes orais, proporciona espaço para o conhecimento de histórias de anônimos e o exercício da cidadania, possibilitando que a memória esteja entre os direitos desses segmentos sociais excluídos.

O método da história oral, quando bem aplicado, fornece elementos para trazer nova luz sobre indivíduos e grupos sociais. E faz isso problematizando imagens construídas, cristalizadas e reproduzidas sobre determinados sujeitos e grupos com características étnicas, culturais e sociais. Nesse sentido, reafirmamos que seu uso pode trazer elementos não captados pela documentação mais tradicional.

Além da relação estreita da história oral com a história política, não podemos esquecer seu vínculo com a história geral, incluindo, nessas relações, desde a pesquisa e a análise de documentos até as possibilidades de ampliação do conhecimento do passado. Tal perspectiva pode alterar a "hierarquia de significações historiográficas", conforme afirma a historiadora italiana Silvia Salvatici (2005, p. 33), que faz um paralelo entre a história oral e a história de mulheres.

> A escrita da História utilizando-se de fontes orais proporciona espaço para o conhecimento de histórias de anônimos e o exercício da cidadania, possibilitando que a memória esteja entre os direitos desses segmentos sociais excluídos.

Alberti e Pereira (2008, p. 74) sugerem algumas perguntas a serem colocadas ao uso de fontes orais como parte integrante da metodologia:

- *O que documenta a fonte oral?*
- *Até que ponto a história oral proporciona acesso a informações empíricas? Quais possibilidades e limites desse acesso?*
- *De que forma a subjetividade pode ser útil ao historiador?*
- *Como cruzar as fontes orais com outros tipos de fonte?*
- *Que aspectos epistemológicos e éticos estão em jogo na crítica do testemunho oral?*

Parte dessas questões dizem respeito ao pesquisador. No entanto, algumas podem e devem ser aproveitadas pelo professor no momento de orientar os estudantes em uma atividade de entrevista.

No que se refere aos procedimentos metodológicos relativos às fontes orais, deve ser ressaltado que pesquisadores ou alunos entrevistadores jamais devem perder de vista a problematização da memória.

Quem entrevista deve considerar o distanciamento entre o fato vivido e o narrado. Eclea Bosi (2001, p. 17) lembra que:

> *Na maior parte das vezes, lembrar não é reviver, mas refazer, reconstruir, repensar, com imagens e ideias de hoje, as experiências do passado. A memória não é sonho, é trabalho. Se assim é, deve-se duvidar da sobrevivência do passado, "tal como foi" [...]. Por mais nítida que nos pareça a lembrança de um fato antigo, ela não é a mesma imagem que experimentamos na infância, porque nós não somos os mesmos de então e porque nossa percepção alterou-se e, com ela, nossas ideias, nossos juízos de realidade e de valor. O simples fato de lembrar o passado, no presente, exclui a identidade entre as imagens de um e de outro, e propõe a sua diferença em termos de ponto de vista.*

A pesquisadora alerta, e isso não deve escapar a quem entrevista (pesquisado, professor ou aluno), para o fato de que o narrado pelo entrevistado deve ser discutido, fazendo-se um cotejo com outros documentos e levando em conta que a memória de quem narra o acontecimento um dia vivenciado ou observado é atualizada por questões relacionadas ao presente, ou seja, há seleções, reordenações, alguns episódios são descartados, algumas impressões e informações são lembradas e outras esquecidas. Esses enganos, esquecimentos e distorções podem ser conscientes ou não, mas não devem ser ignorados.

(2.4)
FONTES ICONOGRÁFICAS E/OU VISUAIS

A categoria de fontes históricas do tipo **iconográfica** ou **visual** é variada, já que se pode contar com a existência de uma grande variedade de imagens e seus suportes: pinturas, mapas, vitrais, gravuras, esculturas, fotografias, fílmicos, história em quadrinhos, propagandas, entre outras. Se, por um lado, esse fato pode ser entendido como algo positivo, por outro, torna-se um desafio utilizar essas fontes, afinal, é preciso lembrar que seu uso pedagógico requer o domínio de cada um desses recursos.

Como ocorreu com outras fontes discutidas neste capítulo, o uso de imagens como fonte histórica demorou a ser aceito por historiadores. A resistência deveu-se igualmente à visão da escola positivista, que acreditava que o documento textual oficial tinha um *status* privilegiado, por desfrutar de um estatuto de verdade. Conforme ressalta o historiador Carlos Alberto Barbosa (2009, p. 79):

> *O contato com o documento escrito era visto como, praticamente, um contato direto com o passado não contaminado por intermediários. Já as imagens eram vistas como demasiadamente subjetivas e assim ficariam sob o encargo dos historiadores da arte. Hoje, entretanto, cada vez mais, os historiadores percebem o quão valiosas como documentos são as fontes visuais para desenvolver determinados temas e para abordagem de algumas problemáticas.*

A ampliação da noção de documento deu condições e abertura para a incorporação dessas fontes que tanto enriqueceram a análise e a produção históricas e, com o tempo, não apenas os historiadores da arte passaram a se apropriar das possibilidades apresentadas pelo uso de imagens. Quanto ao tratamento metodológico dessas fontes, Barbosa (2009, p. 73) destaca:

> *as imagens são mudas e traduzir seus testemunhos em palavras é, muitas vezes, difícil e perigoso. Seu uso sozinho é quase impossível, afinal, como qualquer outro tipo de fonte, exige seu cruzamento com outros recursos. Devemos salientar também que a crítica historiográfica da utilização da*

imagem como fonte histórica não se encontra tão bem estabelecida quanto a crítica documental de textos, o que causa certos ruídos, problemas de contextos e interpretações.

Outra grande referência no trabalho com as fontes iconográficas, Boris Kossoy (1980, citado por Albuquerque; Klein, 1987, p. 299) buscou uma observação bastante procedente para a questão da imagem como fonte histórica:

> *A fotografia em si, o filme em si não representam, tanto quanto qualquer documento velho ou novo, uma prova de verdade. Toda a crítica externa e interna que a metodologia impõe ao manuscrito impõe, igualmente, ao filme. Todos podem, igualmente, ser "montados", todos podem conter verdades e inverdades. Existe, naturalmente, para cada espécie de fonte, uma possibilidade especial de falsificação, e conhecê-las é a tarefa de críticos de fontes.*

Esse excerto, direcionado às fontes visuais, sintetiza algumas questões que foram abordadas sobre outros documentos e que compensam ser frisadas: o fato de que nenhuma dessas fontes deve ser recebida e interpretada como "prova de verdade", posto que podem ser "montadas". Portanto, contêm verdades e inverdades e, por isso, necessitam passar pelo crivo da crítica de quem as analisa.

As indicações dos autores citados são bastante pertinentes. A apropriação do uso de imagens pelo cruzamento com outros documentos, somada à problematização das fontes, poderá trazer resultados férteis na construção do conhecimento e do pensamento histórico. Por sua vez, negligenciados esses cuidados, corre-se o risco de que o uso de imagens seja explorado apenas superficialmente, ficando no patamar mínimo de "ilustração" de conteúdos quando, na verdade, suas potencialidades são muito maiores.

2.4.1 O TRABALHO EM SALA DE AULA COM IMAGENS

O ensino de História por meio do uso de imagens traz inegáveis vantagens em sala de aula. Uma delas é o fato de facilitar a comunicação e promover a imaginação, nos alunos, dos fatos e conteúdos tratados. Imagens quebram a série de leituras de textos que, por vezes, tornam-se maçantes ao aluno, que está bastante acostumado à interatividade, sons e movimentos encontrados no ambiente virtual. Ou seja, as fontes iconográficas transcendem barreiras que, por vezes, são colocadas entre a pesquisa realizada por acadêmicos e a forma de apresentá-las no ensino básico, por meio de documentos textuais.

Além desses aspectos, a prática didática traz exigências que passam pela indicação de que o professor diversifique seus métodos e recursos pedagógicos, objetivando resultados mais eficazes para os alunos menos auditivos e mais visuais, por exemplo.

Sobre o uso de fontes iconográficas em sala de aula, Leão e Rodrigues (2012, p. 2-3) escrevem:

> *Existe um grande número de documentos imagéticos de diferentes tipos e abordagens, vindos de regiões e tempos também distintos, que transmitem características e situações vividas por esses grupos [sociais] [...]. A iconografia retrata situações, estilos, ideologias e aspectos culturais de determinado contexto histórico.*

Essas possibilidades abertas pelo uso das imagens destacadas pelos autores são inegáveis, contudo, é importante não perder de vista que a atratividade exercida e a facilidade oferecida inicialmente ao professor não devem levá-lo a desconsiderar que, ao apropriar-se desse *corpus* documental para trabalhar conteúdos, a exigência de municiar-se de cuidados metodológicos permanece.

Sabemos das dificuldades enfrentadas por professores em diferentes cidades pelo Brasil. Nem todas as escolas dispõem de recursos de alta tecnologia (*data show*, lousa digital etc.), que tornam possível o contato com imagens em alta resolução. Podemos considerar que grande parte delas tem, ao menos, acesso a livros didáticos.

É importante não perder de vista que, a despeito das vantagens advindas do uso de imagens para o enriquecimento das aulas, o mero acesso e a utilização de fontes iconográficas não garante, necessariamente, a qualidade das aulas. É preciso termos em mente que as imagens isoladas, sem a devida problematização de sua produção, das composições e das representações construídas pela manipulação dos personagens, terminam não cumprindo o propósito principal. Por isso, torna-se urgente que quem estiver conduzindo a análise esteja preparado teórica e metodologicamente.

As possibilidades que se apresentam ao professor de História ao optar pelo trabalho com as fontes iconográficas são inúmeras. A seguir, indicamos alguns objetivos e possibilidades que podem ser explorados em sala de aula:

- Identificar as fontes históricas iconográficas.
- Analisar pinturas e fotografias.
- Relacionar imagens à escrita da História.
- Avançar na prática da escrita.
- Desenvolver a oralidade.
- Aprender a "treinar o olhar" para observar uma imagem – iluminação, cores, personagens que ocupam os planos central e secundário.
- Tecer reflexões acerca da forma como determinados segmentos sociais são representados (alguns, de forma idealizada, heroicizada e, outros, muitas vezes, de forma estereotipada) ou a ausência deles em imagens relacionadas a alguns períodos na História.

Como, então, explorar a imagem? Considere as seguintes questões:

- Qual material foi usado?
- Como foi produzida a obra?
- Onde e quando foi feita?
- Qual o contexto histórico envolvido?
- Qual o autor da imagem?
- Para quem a imagem era destinada?
- Qual a intenção da obra (porque foi realizada)?
- Há legendas (no caso de imagens em livros didáticos ou fotos em jornais e revistas periódicas)? Qual a relação entre o texto e a imagem?
- Quais os significados atribuídos à obra historicamente?

O recurso do uso de imagens em sala de aula pode e deve ser incorporado pelo docente para explorar temáticas e fatos históricos, desde que se atente, assim como no caso das demais fontes, aos procedimentos críticos e metodológicos específicos a elas. Além das indicações e dos cuidados abordados neste texto, será imprescindível ultrapassar a visão que se funda na ideia de que imagens "ilustram" conteúdos.

2.4.2 Dicas de acesso à documentação

Para encerrar este capítulo, indicaremos uma gama bastante ampla de fontes orais, textuais e iconográficas. Em algumas grandes cidades existem museus e centros culturais que guardam acervos muito ricos de fontes históricas desses tipos e que podem ser utilizados para o enriquecimento de suas aulas e para as pesquisas dos alunos. Muitos desses centros de pesquisas – públicos ou particulares – têm um acervo considerável digitalizado e disponível a quem tiver interesse. O Centro de Pesquisa e Documentação de História Contemporânea do Brasil (CPDOC), da Fundação Getulio Vargas (FGV), é uma dessas referências úteis ao trabalho de pesquisa com fontes orais, textuais e iconográficas. No *site*[4], é possível acessar um banco de dados informatizado relacionado à História Contemporânea do Brasil. A base está organizada e separada em documentos relacionados a arquivos pessoais e história oral (entrevistas e documentos audiovisuais).

Provavelmente, na cidade onde você mora ou em alguma cidade próxima exista algum museu público do tipo, ainda que em menores dimensões que os grandes centros. Curitiba, São Paulo e Rio de Janeiro[5], por exemplo, contam com o Museu da Imagem e do Som (MIS). No *site* do MIS do Paraná, o órgão é definido da seguinte forma:

O MIS do Paraná (1969), por exemplo, é o segundo mais antigo do país na área e detentor de um acervo com mais de um milhão de itens. Esse material integrante do acervo foi produzido ao longo das últimas décadas com a proposta de resgatar, preservar e divulgar a memória. Ali, por meio de diversos suportes, como fitas de áudio (rolo e cassete) e CDs, estão gravados depoimentos com personalidades locais e regionais[6].

Ainda no Paraná, temos a Casa de Memória de Curitiba, um centro de documentação e pesquisa no qual o enfoque é a capital curitibana, mas também são guardados ali documentos relacionados à História do Paraná e da América do Sul. Além de outros documentos, há um acervo respeitável de registros audiovisuais de entrevistas (história oral)[7].

---

4   Ver: *FGV CPDOC. Disponível em: <http://cpdoc.fgv.br>*.
5   Ver: *RIO DE JANEIRO.* **MIS – Museu da Imagem e do Som.** *Disponível em: <http://www.mis.rj.gov.br/>*.
6   Ver: *PARANÁ.* **MIS – Museu da Imagem e do Som.** *Disponível em: <https://www.mis.pr.gov.br/>*.
7   Ver: *CURITIBA.* **Espaços culturais.** *Disponível em: <http://www.fundacaoculturalde curitiba.com.br/espacos-culturais/casa-da-memoria>*.

O MIS de São Paulo conta com uma coleção de mais de 3000 registros sonoros de depoimentos, palestras, entrevistas e debates. Segundo informações disponíveis pelos responsáveis na divulgação do espaço cultural e de pesquisa, as gravações ali existentes foram realizadas no âmbito de um projeto pioneiro de história oral. Privilegiou-se coletar e armazenar material sonoro que contempla experiências e narrativas de personagens famosos e anônimos. Ali, foram divididos em núcleos que estão classificados em *Histórias de Vida, Projetos Políticos, Sociais e Trabalhistas, Memória e Tradição Oral*[8]. Outras capitais e cidades do país já têm suas versões locais.

Outra opção é o Museu Afro Brasil, também em São Paulo. Quem visita esse espaço é introduzido no universo de personagens da história dos negros no Brasil por meio da história oral, instrumento tão importante para a memória dos afrodescendentes. A documentação armazenada ou as visitas monitoradas constam de histórias contadas, seja da tradição brasileira, seja originária de reinos africanos. Devemos considerar a existência de associações e centros culturais quilombolas, espalhados por diversas regiões do Brasil, que guardam materiais relacionados à memória coletiva de comunidades negras, bem como suas formas de resistência.

Finalmente, citamos o Museu da Língua Portuguesa, localizado na região central de São Paulo[9]. O material ali armazenado, catalogado e disponibilizado aos visitantes revela e dá visibilidade para pessoas, grupos e elementos de nossa cultura que a "história oficial" buscou esconder e esquecer durante longos períodos.

---

8   SÃO PAULO. **MIS – Museu da Imagem e do Som**. *Disponível em: <http://www.mis-sp.org.br/>.*

9   SÃO PAULO. **Museu da Língua Portuguesa**. *Disponível em: <http://www.museudalinguaportuguesa.org.br>. O Museu da Língua Portuguesa passou por um grande incêndio em 2016, mas foi reformado e continua em atuação.*

Síntese

As fontes históricas são múltiplas e enriquecem grandemente o trabalho do professor-pesquisador e o processo de ensino e aprendizagem.

Nenhum recurso didático ou, como aqui trabalhamos, *fonte histórica*, conseguirá cumprir o papel de levar o aluno a "pensar historicamente" se o professor não procurar investigar e estudar como cada item dessa documentação ou linguagem pode e deve ser explorado, levando em conta as suas especificidades no trato metodológico. Caso contrário, apenas cumprirão a função de "ilustrar conteúdos", o que, definitivamente, não deve ser a proposta de nenhum de nós que entendemos a disciplina de História como aquela que promove o desenvolvimento do pensamento crítico.

É importante que não se estabeleça uma hierarquia entre as variadas fontes, escapando da armadilha de apresentar uma ou outra como "documento histórico confiável" em detrimento de outros tipos de fontes. Todas devem ser apropriadas, desde que problematizadas por quem está conduzindo o processo de ensino.

Concernente aos documentos textuais, ainda que não tenhamos colocado ênfase nos documentos públicos, arquivísticos, procuramos mostrar que a ideia de "estatuto de verdade" deve ser questionada, considerando interesses econômicos e políticos em jogo e as concepções ideológicas de quem os produziu. Ao tratarmos sobre as biografias e entrevistas, fizemos questão de frisar que, como outras fontes, podem e devem ser tomadas como recursos (fonte e objeto) por parte do pesquisador e professor de História, desde que escape às armadilhas que qualquer fonte pode representar.

Vimos ainda que o uso de imagens trouxe inegáveis ganhos pois, por intermédio delas, a construção do conhecimento histórico ganhou um enriquecimento notável, uma vez que elas colaboram fortemente no momento de trabalhar alguns conteúdos. Entretanto, será fundamental que, assim como as demais fontes, o professor saiba formular as perguntas pertinentes para explorar o máximo da potencialidade que o documento pode fornecer. As imagens não são exatamente um "instantâneo da realidade", elas "não falam por si" e não "falam mais que mil palavras", como se costuma afirmar nas máximas populares. **Todo e qualquer documento precisa ser desconstruído para que se possa construir conhecimento a partir dele.**

Atividades de autoavaliação

1. Com base no conteúdo trabalhado neste capítulo, leia as afirmações a seguir e marque V para verdadeiro e F para falso:
   ( ) Revistas semanais e jornais impressos são meios que podem ser utilizados em sala de aula sem qualquer prejuízo ou necessidade de análise crítica, pois, quando são preparados os conteúdos de publicação, são respeitados critérios rígidos de verdade e imparcialidade.
   ( ) As fontes orais (entrevistas, testemunhos etc.) trouxeram ganhos à escrita da história, pois tornaram possíveis os relatos de vida de sujeitos históricos negligenciados pela história oficial.
   ( ) Desde que problematizadas, as biografias podem ser vistas como ricas oportunidades de discussão de temas, personagens e contextos em sala de aula.
   ( ) "As imagens falam por si". Essa frase nos mostra que a intervenção do professor é desnecessária no momento de trabalhar com fontes iconográficas ou visuais.

( ) Qualquer documento, independentemente da forma como será usado em sala de aula, será sempre um recurso didático útil ao professor.

Agora, assinale a alternativa que contém a sequência correta:

a) V, F, F, F, F.
b) V, V, F, F, F.
c) F, V, V, V, F.
d) F, F, F, F, F.
e) F, V, V, F, F.

2. Leia as afirmativas a seguir e assinale a correta:
   a) Em sala de aula, as imagens devem ser utilizadas meramente para ilustrar conteúdos.
   b) A fotografia é o "instantâneo da realidade", e isso a torna uma "prova de verdade".
   c) Fotografias podem e devem ser utilizadas em sala de aula, desde que haja a preocupação de "treinar o olhar" para observar a imagem.
   d) Apenas as imagens estáticas estão na categoria "fontes iconográficas" ou "visuais"
   e) Por serem vistas como "retrato da realidade", as fontes iconográficas foram prontamente aceitas por historiadores pesquisadores.

3. Considerando o que você leu e aprendeu sobre o significado de "pensar historicamente", analise as afirmativas a seguir.

Se você gostou desta leitura, compartilhe com outros!

- Presenteie alguém com um exemplar deste livro.
- Mencione-o em suas redes sociais.
- Escreva uma avaliação sobre ele em nosso site ou no site da loja onde você o adquiriu.
- Recomende este livro para a sua igreja, clube do livro ou para seus amigos.

Ministérios Pão Diário valoriza as opiniões e perspectivas de nossos leitores. Seu *feedback* é muito importante para aprimorarmos a experiência de leitura que nossos produtos proporcionam a você.

Conecte-se conosco:

Instagram: paodiariooficial
YouTube: @paodiariobrasil
Facebook: paodiariooficial
Site: www.paodiario.org

Ministérios Pão Diário
Caixa Postal 9740
82620-981 Curitiba/PR

Tel.: (41) 3257-4028
WhatsApp: (41) 99812-0007
E-mail: vendas@paodiario.org

Escaneie o QR Code e conheça todos os outros materiais disponíveis em nosso site:

publicacoespaodiario.com.br

i) Não há a participação dos alunos ao longo do processo de ensino e aprendizagem, já que o professor é o único detentor de conhecimentos.
ii) Por se tratar de uma ação que envolve a construção do conhecimento, requer o desenvolvimento de habilidades imprescindíveis a qualquer trabalho intelectual.
iii) Representa um processo bem mais amplo que gravar, guardar informações, absorver, memorizar dados, datas ou fatos sobre o passado.
iv) Para que os discentes desenvolvam ideias cada vez mais complexas sobre a História e o mundo social, o docente deve expor todo o seu cabedal de conhecimento a ser assimilado pelos alunos.
v) Esse processo é desenvolvido pelos alunos com base em suas concepções anteriores e de seus conhecimentos prévios. Ao professor cabe possibilitar que os discentes elaborem transformações nos seus conhecimentos históricos.

Está(ão) correta(s) apenas a(s) afirmativa(s):

a) III e IV.
b) I, II e V.
c) II, IV e V.
d) II, III e IV.
e) I, II, III e V.

4. Sobre as vantagens de utilizar biografias de personagens em sala de aula, avalie as assertivas a seguir.

i) Apresentam ao leitor a possibilidade de verdade sobre a vida do personagem biografado.
ii) Possibilitam problematizar a "demonização" ou a "mitificação" de personagens históricos.
iii) Fazem sucesso entre jovens.
iv) Contribuem para melhor compreensão do contexto histórico por meio de um representante do período.
v) Não é necessário discutir a versão produzida pelo autor.

Estão corretas:

a) Apenas as assertivas II, III e IV.
b) Apenas as assertivas I, IV e V.
c) Apenas as assertivas III e V.
d) Apenas as assertivas I e II.
e) Todas as assertivas estão corretas.

5. Leias as afirmações a seguir relacionadas às fontes textuais e marque V para verdadeiro e F para falso.
( ) Jornais e revistas visam apenas informar. Em outras palavras, as notícias veiculadas nesses suportes respeitam rigorosamente a verdade dos fatos.
( ) Fontes textuais são, em geral, as mais utilizadas em sala de aula.
( ) Jornais e revistas nunca enfrentaram resistências por parte de historiadores como fonte e objeto de pesquisa.
( ) É desnecessário dar atenção aos anunciantes de jornais e revistas, pois a sua função ali é apenas apresentar o seu produto.
( ) No Brasil, pesquisas realizadas a partir dos anos 1970 passaram a discutir a imprensa não apenas como "meios

de informação", mas como meios de reprodução de uma ideologia dominante.

Agora, assinale a alternativa que contém a sequência correta:

a) F, V, V, F, F.
b) F, F, V, V, V.
c) F, V, F, F, V.
d) V, V, F, F, V.
e) V, F, F, F, V.

Atividades de aprendizagem

Questões para reflexão

1. Algumas questões sociais podem ser discutidas por meio da análise de obras de diferentes manifestações artísticas. Tomando como exemplo o uso, em sala de aula, de um poema e de uma pintura que abordam o mesmo tema, isto é, um documento textual e um iconográfico, explique de que maneira podem ser explorados os elementos comuns a esses dois tipos diferentes de recursos e os elementos específicos de cada um desses recursos. Para isso, considere aspectos como:
   - Cenários, expressões e sentimentos captados e/ou descritos.
   - Temática das obras
   - Personagens retratados
   - Contexto social abordado na representação artística.

2. Os dois textos a seguir tratam do mesmo assunto, o *impeachment* da ex-presidenta Dilma Roussef, ocorrido no ano de 2016. São textos publicados por veículos de imprensa

com perspectivas ideológicas e públicos leitores que guardam alguns distanciamentos.

Texto publicado na revista Carta Capital

> **Senado aprova impeachment e destitui Dilma**
>
> por Redação — publicado 31/08/2016 13h36
>
> **Senadores derrubam a primeira mulher a presidir o País em um processo de base jurídica frágil e questionado por ampla parcela da sociedade**
>
> Dilma Vana Rousseff, a primeira mulher a presidir o Brasil, reeleita em outubro de 2014 com 54 milhões de votos, foi removida de forma definitiva do poder nesta quarta-feira 31 pelo Senado, que confirmou seu impeachment por 61 votos a 20, sem nenhuma abstenção. Com o resultado, que será questionado pela defesa de Dilma no Supremo Tribunal Federal (STF), Michel Temer, interino desde 12 de maio, assume a presidência da República de forma definitiva até 2018 [...].
>
> A votação no Senado é o desfecho de um longo processo, cujo resultado estava definido há meses. No julgamento, em tese, os senadores avaliaram que a emissão de três decretos orçamentários sem autorização do Congresso e o atraso no repasse do Tesouro Nacional ao Banco do Brasil por conta do pagamento do Plano Safra, a chamada "pedalada fiscal", configuram crimes de responsabilidade.
>
> Na prática, o que se viu foi um processo coberto por um verniz de legalidade, promovido pelo cumprimento das regras procedimentais previstas na Constituição, mas definido por uma batalha política na qual os vencedores buscaram um motivo qualquer para legitimar a destituição da presidenta.
>
> O Tribunal de Contas da União (TCU), órgão ligado ao legislativo e composto majoritariamente por ex-parlamentares, desempenhou um papel central no processo. No TCU foram elencados os argumentos para legalizar a remoção de Dilma Rousseff, uma história que ainda não chegou a seu fim.

Fonte: Carta Capital, 2016.

Texto 2 – Artigo publicado na revista Veja

Impeachment põe fim ao ciclo do PT no poder

[...]

Queda de Dilma Rousseff põe o populismo e a corrupção no centro das preocupações nacionais

[...]

Em pouco mais de cinco anos de mandato, Dilma jogou o país no atoleiro. Sua tolerância à inflação, em nome do crescimento, deu fôlego ao dragão, que voltou a superar a casa dos dois dígitos. A renda caiu, o desemprego subiu e parte da nova classe média, que consolidou o PT no poder e lá o manteria, voltou para a base da pirâmide social. Dilma perdeu o mandato pelo conjunto da obra. Formalmente, o impeachment foi aprovado porque ela cometeu crime de responsabilidade ao usar recursos de bancos públicos para pagar despesas do Tesouro, prática conhecida como pedalada fiscal, e ao liberar créditos suplementares sem a autorização prévia do Congresso. É por causa da discrepância entre a razão técnica (orçamentária) e a motivação real (corrupção e recessão) que Dilma se diz vítima de um golpe parlamentar tramado por "desleais", "traidores" e "covardes". Ao defender-se no Senado na segunda-feira, numa sessão que durou catorze horas, ela jurou inocência, disse que não cometeu crime de responsabilidade e afirmou que só o povo, por meio de eleições livres e diretas, poderia destituir um mandatário devido ao "conjunto da obra". "Por duas vezes, vi de perto a face da

> morte. Quando fui torturada por dias seguidos, submetida a sevícias que nos fazem duvidar da humanidade e do próprio sentido da vida. E quando uma doença grave e extremamente dolorosa poderia ter abreviado minha existência. Hoje, eu só temo a morte da democracia", declarou.
>
> Ela não impediu o impeachment, mas, graças a uma esdrúxula articulação dos presidentes do Senado, Renan Calheiros (PMDB-AL), e do Supremo Tribunal Federal (STF), Ricardo Lewandowski, conseguiu evitar a aprovação de sua inabilitação para o exercício de funções públicas. Preservou, assim, o direito de assumir cargos públicos e disputar eleições, ao contrário do entendimento adotado pelo STF no caso de Fernando Collor, destituído da Presidência em 1992. [...] Temer, agora em definitivo, tucanos e outros expoentes do novo governo não gostaram dessa decisão, que já está sendo contestada judicialmente. Dilma, mantida por enquanto no jogo político, também recorreu ao STF para anular o impeachment e prometeu uma oposição "enérgica e incansável". De saída, citou Vladimir Maiakovski, o poeta futurista da Revolução Russa: "Não estamos alegres, é certo, mas também por que razão haveríamos de ficar tristes? O mar da história é agitado. As ameaças e as guerras, haveremos de atravessá-las. Rompê-las ao meio, cortando-as como uma quilha corta". É belo, mas também um autêntico réquiem.

Fonte: Pereira; Bronzatto, 2016.

Após a leitura, elabore um texto identificando o posicionamento de cada um dos articulistas. Procure responder, em seu texto, as questões a seguir:

a) Os articulistas concordam com o desfecho do caso?
b) Como cada um apresentou as personagens envolvidas no processo?
c) Que conclusões você pode tirar, considerando o claro distanciamento entre os posicionamentos de cada uma dessas notícias veiculadas nos órgãos de imprensa acerca de um mesmo fato?

Atividade aplicada: prática

1. Com base no que você estudou sobre a história oral, escolha dois idosos, em sua família ou que você conheça, que tenham vivenciado algum acontecimento histórico (ou mesmo um acontecimento pessoal comum aos dois, nesse caso) que esteja distante do tempo presente entre 30 e 40 anos e realize uma entrevista com eles. Formule algumas perguntas do tipo:
   - O que ocorreu?
   - Onde e com quem você estava?
   - Quando ocorreu?
   - Como foi?
   - Quais recordações guardou?
   - Qual a opinião sobre o fato?
   - Lembra de detalhes ou apenas recortes de memórias?

É interessante que sejam entrevistados em espaços e momentos diferentes, para que ninguém se aproprie da memória do outro. Procure ler sobre esse acontecimento e compare as versões escritas sobre o tema, as visões pessoais e as memórias apresentadas nos relatos/entrevistas desses idosos. Será bom interrogar-se acerca das seleções e exclusões dessas memórias presentes. Finalmente, com base nos resultados, estabeleça comparações entre as narrativas e anote suas principais conclusões sobre a relação tempo-história-memória e tempo vivido/tempo narrado.

Capítulo 3
As mídias e o ensino
de História

As tecnologias da informação e comunicação (TICs) estão presentes no cotidiano das pessoas, em especial de crianças, jovens e adolescentes, e não podemos ignorar o potencial educativo dessas mídias para o ensino da História. Abordando questões como uso do cinema e da *internet* em sala de aula, este capítulo se propõe a problematizar algumas questões tomando tais tecnologias como recurso didático-pedagógico. O uso do cinema, em especial, exige uma reflexão pontual, pois tem cada vez mais se direcionado para uma cinematografia específica: a hollywoodiana, graças a sua força de penetração cultural. Analisaremos as implicações políticas e estéticas do uso desses materiais nas aulas de História, com destaque para o papel das crianças e jovens diante de uma cultura midiática que se torna cada vez mais homogênea e globalizada. Ao final, apontaremos formas didáticas de uso das mídias no ensino da História.

Parte do que entendemos por *moderno* é representado pelo avanço das tecnologias da informação e comunicação, das artes e do entretenimento contemporâneos. Cinema, televisão, rádio, *internet*, *smartphones*, *tablets* e computadores são tecnologias e meios que aproximam e identificam a **cultura midiática**, tal qual a caracterizou Douglas Kellner (2001). Essas tecnologias são utilizadas e consumidas pelas pessoas (sobretudo as mais jovens) com o intuito de se comunicar, divertir-se, criar e, também (por que não?), aprender e ensinar. Porém, ter acesso a essas tecnologias não é o suficiente para garantir um bom processo educativo, visto que é importante adotar uma postura crítica diante desses avanços.

Segundo Kellner (2001, p. 10):

a obtenção de informações críticas sobre a mídia constitui uma fonte importante de aprendizado sobre o modo de conviver com esse ambiente cultural sedutor. Aprendendo como ler e criticar a mídia, resistindo à sua manipulação, os indivíduos poderão fortalecer-se em relação à mídia e à cultura dominantes. Poderão aumentar sua autonomia diante da cultura da mídia e adquirir mais poder sobre o meio cultural, bem como os necessários conhecimentos para produzir novas formas de cultura.

O autor alerta, portanto, para a necessidade de se aprender a ler criticamente as mídias. Como você verá ao longo deste capítulo, essa é uma prática que se ensina e se aprende. Ler a mídia significa aprender a decifrar suas mensagens para além do que é narrado ou comunicado em um primeiro momento, percebendo as relações de poder, os interesses e os embates presentes em seus produtos culturais, como filmes, novelas, jornais e sítios eletrônicos. Desenvolvendo as habilidades para uma leitura mais crítica do mundo midiático, as pessoas podem ter maior autonomia para refletir sobre o mundo em que vivem e quais práticas estão dispostas a assumir.

> Desenvolvendo as habilidades para uma leitura mais crítica do mundo midiático, as pessoas podem ter maior autonomia para refletir sobre o mundo em que vivem e quais práticas estão dispostas a assumir.

Sob a categoria *juventude*, comumente associamos conceitos como *contemporaneidade* e a ideia de **novo** ou **novidade**. Tal associação tornou-se mais comum a partir da segunda metade do século XX, quando adolescentes e jovens tornaram-se um grupo consumidor significativo na sociedade estadunidense e no Ocidente em geral. Caracterizada como fenômeno nesse período, a juventude vem se afirmando, mais do que uma faixa etária, como um público complexo e diversificado na sociedade de consumo (Mayorga; Castro; Prado, 2012). Para tanto, a tendência mercadológica procura aproximar e caracterizar os fenômenos das infâncias e juventudes (plurais, nos sentidos cultural, social e econômico) como fenômenos de massa, padronizando e simplificando sua diversidade.

> *No período do pós-guerra, quando a ampliação da permanência de jovens nas instituições educativas e a aparição do "consumidor adolescente" consagram o nascimento de uma nova classe de idade nos países industrializados, as teorias sobre a existência de uma "cultura juvenil" autônoma e interclassista se generalizam e passam a ter legitimidade científica.*
> (Caccia-Bava; Pàmpols; Gonzáles Cangas, 2004, p. 308)

Os significados históricos dados a cada geração de crianças e jovens reforçam os padrões que se desejavam em cada época. Nos anos 1950, adolescentes e jovens eram vistos como alienados. Basta lembrarmos de um filme ícone na época: *Rebel without a cause*, traduzido para o português como *Juventude transviada*, estrelado pelo jovem astro James Dean. Ou seja, o foco era a rebeldia desenfreada, a falta de compromissos. Já nos anos 1960, os jovens foram retratados como oprimidos pelos regimes autoritários: a ditadura civil-militar no Brasil, as manifestações de jovens universitários na Europa em maio de 1968, a guerra no Vietnã. Nos anos 1970, os jovens foram reduzidos a imagem de engajados politicamente ou "alternativos", que curtiam "sexo, drogas e *rock'n roll*". Nos anos 1980, os jovens foram considerados "perdidos", a "geração Coca-Cola", entre outras caracterizações.

O fato é que o **fenômeno do consumo infanto-juvenil** vem aglutinando, sob um mesmo grupo, uma gama diversificada de experiências sociais, sobretudo as experiências midiáticas. Ainda que a grande mídia, como o cinema e a televisão, enfatize os aspectos comuns que determinadas gerações de crianças e jovens possam ter, os estudos ligados à sociologia da infância e da juventude apontam a necessidade de compreender não os aspectos de "uma determinada geração", mas sim a pluralidade de sujeitos que compõem determinadas cortes juvenis. Dessa forma, não usaríamos mais a ideia de uma geração padrão, mas de *juventudes*, no plural, representando a pluralidade dos sujeitos e situações que compõem a vida dos jovens na atualidade.

Observe-se o comentário do sociólogo português José Machado Pais (1993, p. 36), que dedica seus estudos à categoria *juventude*:

> *Ao envolver-me neste desafio senti a necessidade de olhar a juventude não apenas com um conjunto social cujo principal atributo é o de ser constituído por indivíduos pertencentes a uma dada fase da vida mas também como conjunto social com atributos sociais que diferenciam os jovens; isto é, vi-me na necessidade de passar do campo semântico da juventude que a toma como unidade para o campo semântico que a toma como diversidade.*

Nesse sentido, o autor está chamando atenção para o fato de que não podemos generalizar nem olhar para os jovens como se fossem iguais, visto que, para além de algumas semelhanças, existem outras categorias que os diferenciam, como gênero, raça e classe, por exemplo.

As mídias atuais são mais acessíveis, e um número cada vez maior de crianças e jovens, têm acesso às (multi) mídias e tecnologias contemporâneas. Fenômenos culturais contemporâneos, como as redes sociais eletrônicas[1], encontram no público infanto-juvenil tanto consumidores como também criadores e difusores dessas mesmas redes. Basta ver o fenômeno dos *youtubers* atuais.

---

1 Usamos o termo redes sociais eletrônicas *visto a existência de estudos, como os de Robert Darnton (2014), que apontam a existência de redes de comunicação desde o Ancien Régime, ou seja, o século XVIII. A característica das redes contemporâneas está muito mais no fato de se darem de forma eletrônica e simultânea (Darnton, 2014).*

> Um *youtuber* é uma pessoa (podendo ser desde criança até idoso) que tem um canal gratuito na rede social de vídeos compartilhados e passa a ser seguido por outras pessoas. Até aí, tudo bem. A questão é que adolescentes e jovens que se destacam nesse meio passam a ter um número gigantesco de seguidores, como a jovem curitibana Kéfera Buchmann (22 anos), uma das principais *youtubers* do país, com mais de 4 milhões e meio de seguidores (Purebreak, 2018). O que essas pessoas fazem? Ou, o mais importante, **como** elas fazem: com uma estrutura mínima tecnológica, ou seja, uma câmera (que pode ser a do próprio celular) e uma conexão com a internet, os *youtubers* produzem e difundem conteúdos que, se cair no gosto dos milhões de seguidores da rede, podem ganhar muito dinheiro com patrocínios, propagandas e apoio do próprio canal. Hoje, os maiores *youtubers* no Brasil são adolescentes e jovens que postam situações cotidianas ou humorísticas, cujo sucesso transforma seus canais em livros a serem vendidos nas maiores redes livreiras do país, além da participação em programas de televisão. Mas, o mais importante, são pessoas que não dependem mais da mídia televisiva para fazerem sucesso ou mantê-lo, controlando grande parte do que as expõe para o mundo (Purebreak, 2018).

Biografias de personalidades – como Steve Jobs, criador da Apple; Bill Gates, criador da Microsoft; e o mais jovem entre eles, Mark Zuckerberg, criador do Facebook – reforçam a relação entre juventudes e tecnologia. Os jovens nascidos entre os anos 1980 e 1990 passam a ser chamados por uma corrente da sociologia da juventude como representantes da *Geração Y*, expressão cunhada para caracterizar o novo tipo de executivo do século XXI: jovem, criativo e altamente vinculado às mídias e tecnologias.

Portanto, a inserção das tecnologias na sociedade contemporânea – sobretudo, entre as parcelas jovens – é um fenômeno que vem sendo estudado por vários pesquisadores do campo social. Tal fenômeno pode ser compreendido também como parte de um processo maior: a relação entre essas tecnologias e mídias e o campo da educação.

Em uma sociedade compreendida como **sociedade do conhecimento** (Morin, 2011), a educação para a autonomia dos sujeitos deve se direcionar para a complexidade da vida na contemporaneidade. Nesse sentido, o saber deve extrapolar os limites do espaço escolar constituídos desde o século XIX e utilizar-se das mais diversas plataformas tecnológicas como meio e objeto. Assim, mais do que aprender técnicas e métodos, nós, educadores, devemos problematizar a própria razão do saber e do aprender, compreendendo criticamente as mídias, seu universo tecnológico e linguístico.

Segundo Morin (2011, p. 150-151, tradução nossa):

> *A educação atual proporciona conhecimentos sem ensinar o que é o conhecimento. Não se preocupa em conhecer o que é conhecer, quer dizer, não estuda os dispositivos cognitivos, suas dificuldades, suas debilidades, nem suas propensões ao erro, à ilusão. [...] Um conhecimento é pertinente se sabe situar-se em seu contexto, e mais além, no conjunto com o qual está relacionado.*

Portanto, segundo o autor, não basta o acesso aos conhecimentos que as mídias e tecnologias de informação ampliam na atualidade, mas deve-se problematizar também a própria natureza do que é conhecimento e como se aprende. Por isso, em nosso entendimento, é preciso avançar o olhar para outro modo de ver as representações e discursos da mídia, compreendendo-os, também, em suas linguagens constituintes (cinema, televisão, rádio, internet etc.).

Como vimos, os fenômenos contemporâneos vêm aglutinando uma gama diversificada de pessoas, dentre elas crianças, adolescentes e jovens com experiências sociais diferentes, no entanto, tendo em comum, sobretudo, as experiências midiáticas. O importante é que o educador que deseja desenvolver uma atividade em sala de aula tendo o material midiático como base comece a perceber e aprofundar sua própria leitura com base na estrutura linguística, ou seja, aquela que constitui cada mídia. Ao longo deste capítulo, aprenderemos como fazer a análise de filmes nessa perspectiva.

O hábito de ler um texto ou um livro é uma prática que os torna mais familiares e prazerosos, e o mesmo vale para a leitura fílmica, imagética ou midiática. Mas, para ela se tonar uma prática significativa, educadores e estudantes precisam ser ensinados a fazer essa leitura[2]. E aqui reiteramos que a escola é um espaço onde esses saberes também devem ser ensinados, seja de forma multidisciplinar, seja ainda dentro da especificidade de cada disciplina escolar.

(3.1)
O CINEMA NAS AULAS DE HISTÓRIA:
UMA QUESTÃO SECULAR

A história do uso do cinema como recurso educacional é concomitante à própria história do cinema: desde os primeiros anos do século XX, membros da nascente indústria fílmica, bem como intelectuais e educadores, percebiam na capacidade narrativa do cinema e na atração que gerava nas plateias uma poderosa ferramenta educativa.

Walter Benjamin (1992), em seu conhecido ensaio em que analisa as "obras de arte reprodutíveis", vê no cinema uma arte possível de educar as massas à medida que registra a sociedade que o produz: "O que caracteriza o filme não é só a forma como o homem se apresenta perante o equipamento de registro, mas também a forma como, com a ajuda daquele, reproduz o seu meio ambiente" (Benjamin, 1992, p. 102).

---

2   Sobre os métodos de leitura fílmica e seu uso na educação, ver Trovão (2015).

No Brasil, a ideia de usar o cinema como recurso didático também remonta ao início do século XX, como demonstra Circe Bittencourt (2011, p. 371):

> *Introduzir as imagens cinematográficas como material didático no ensino de História não é novidade. Jonathas Serrano, professor do Colégio Pedro II e conhecido autor de livros didáticos, procurava desde 1912 incentivar seus colegas a recorrer a filmes de ficção ou documentários para facilitar o aprendizado da disciplina.*

Portanto, o cinema vem sendo considerado também um importante instrumento de educação, como aponta Benjamin (1992) e como se vê desde as aulas de História do início do século XX no Brasil. Para Kátia Abud, pesquisadora e professora da Universidade de São Paulo:

> *Os filmes, à semelhança do que ocorre com o conhecimento histórico, são produzidos com base em processos de pluralização de sentidos ou verdades. Apesar das particularidades e especificidades de cada um – dos filmes e do conhecimento histórico –, incluindo seus métodos de trabalho, ambos são construções mentais que precisam ser pensadas e trabalhadas intensamente.* (Abud; Silva; Alves, 2010, p. 165)

Os professores de História têm utilizado o cinema como recurso para suas aulas ao longo de todo o século XX, e tal uso se ampliou principalmente com a difusão dos aparelhos de *Super 8*, a partir dos anos 1960, e do videocassete, no final da década de 1970. Foi na década de 1970 que a obra do historiador francês Marc Ferro deu novo impulso para as questões referentes à relação entre História e cinema. O seu texto seminal intitulado *O filme, uma contra-análise da sociedade?* (Ferro, 2010), se propôs a defender o estatuto de documento histórico para os filmes e, assim, consolidar de vez o uso do cinema como uma fonte para o fazer histórico.

No Brasil, a obra de Ferro (2010) reverberou nos anos 1980 e 1990, quando historiadores como Eduardo Morettin, Alcides Freire Ramos e Mônica Kornis trouxeram o debate para a historiografia brasileira por meio da análise de filmes nacionais. Naquele momento, o objetivo maior era afirmar uma metodologia para o uso do cinema na História. Nesse sentido, dois procedimentos ganharam força: a ideia de que **todo filme deve ser lido em relação ao contexto histórico em que foi produzido** (mais do que em relação ao tempo histórico que o filme narra), bem como a necessidade de **dominar minimamente a linguagem cinematográfica para uma abordagem crítica das obras fílmicas**. Esses dois procedimentos são, também, preocupações metodológicas neste capítulo e, por isso, a última parte é dedicada a uma proposta de abordagem do filme em sala de aula.

Foi pelo trabalho dos historiadores com o cinema que o debate também foi renovado no campo do ensino da História. Se antes, nos anos 1930 e 1940, a preocupação era uma ilustração das aulas de História para o desenvolvimento do civismo e facilitar o ensino do conteúdo, como pensou o professor Jonathas Serrano no início do século (Bittencourt, 2011), depois dos anos 1970 e 1980, vários historiadores voltaram suas preocupações para a relação entre o ensino da História e o cinema, dentre os quais destacamos as obras de Marcos Silva e Marcos Napolitano, da Universidade de São Paulo. É importante registrar que, hoje, o tema está bastante difundido entre historiadores de diferentes centros de pesquisa.

Marcos Silva foi um dos pioneiros da nova geração de historiadores a propor o diálogo entre o ensino da História e o cinema, visto suas pesquisas se destacarem no campo da História ensinada e também entre os estudos de cinema. Foi na conciliação dessas duas grandes áreas que o trabalho de Silva se destacou dentre os demais estudiosos de sua época. Segundo Silva e Ramos (2011, p. 12):

> *Se a meta do trabalho educativo com filmes é formar pessoas que reflitam de forma independente sobre todo produto de cinema a que assistirem e sobre suas relações com o conhecimento histórico, a realização dessa atividade nos quadros da cultura escolar requer sempre a presença ativa do docente como planejador, acompanhante e analista orientador, articulando a tarefa a outras práticas e problemas de estudo que estejam em pauta com aquele grupo.*

Portanto, além das questões metodológicas apontadas pelos historiadores que se dedicavam ao estudo das relações entre História e cinema, Silva e Ramos (2011) chamam atenção para o papel do professor na utilização de filmes no ensino da disciplina de História. Nesse sentido, os filmes em sala de aula passam a ter outro objetivo, para além da leitura crítica desses materiais, como apontados até aqui, sobretudo sua articulação com o conhecimento histórico. Quem está habilitado a fazer essa relação é o professor de História que domine, além das questões atinentes ao saber histórico produzido via cinema, as questões do ensino da História. Assim, para Silva e Ramos (2011, p. 14), o professor ganha um protagonismo importante nesse contexto: ser o planejador, o orientador da atividade, "articulando a tarefa a outras práticas e problemas de estudo".

Nessa mesma esteira de reflexão, Marcos Napolitano (2013) pontua que o uso do cinema como instrumento didático parte de um olhar diferenciado sobre o filme, sobre o próprio ato de assisti-lo em outro ambiente que não a sala de projeção, ou seja, na sala de aula.

A diferença é que a escola, tendo o professor como mediador, deve propor leituras mais ambiciosas além do puro lazer, fazendo a ponte entre emoção e razão de forma mais direcionada, incentivando o aluno a se tornar um espectador mais exigente e crítico, propondo relações de conteúdo/ linguagem do filme com o conteúdo escolar. Este é o desafio. (Napolitano, 2013, p. 15)

A obra de Napolitano (2013) não se dirige especificamente para o ensino da História, mas sim para o uso do cinema em sala de aula, abrangendo praticamente todas as áreas do conhecimento ensinado na educação básica. Por essa razão, o livro teve uma boa recepção entre os educadores. Como destacado anteriormente, o autor sugere também que, no uso de filmes em sala de aula, além das capacidades exigidas pelo professor, os estudantes devem ser mobilizados de forma mais crítica e exigente, sendo direcionados a uma leitura que vá além do simples prazer estético ou visual e que dialogue com os conteúdos (históricos, no caso) que estão sendo trabalhados com aquele material.

Portanto, o uso do cinema em sala de aula mobiliza saberes e conhecimento do mundo midiático, do campo da História e de seu ensino. Nessa relação, não existe apenas um protagonista: professor, estudante e o próprio filme, cada qual em sua especificidade, é chamado a atuar criticamente na construção do saber em sala de aula.

Deve-se atentar que, dentre a cinematografia projetada em sala de aula, mediante as mais diversas temáticas, a maioria é ou de origem estadunidense ou brasileira contemporânea (chamado *Cinema da Retomada*)³. O que propomos problematizar é que o uso desses materiais descontextualizados de suas relações históricas de produção, bem como das questões políticas e ideológicas que carregam, pode corroborar para uma visão acrítica, tanto histórica quanto cultural, em especial, no que se refere à cultura da mídia.

3.1.1 UMA BREVE HISTÓRIA DO CINEMA: DOS IRMÃOS LUMIÈRE A MÉLIÈS

A tentativa de reproduzir imagens é tão antiga quanto a própria história humana. Porém, montar tais imagens de forma a dar a sensação de movimento foi uma tarefa muito experimentada a partir dos séculos XVIII e XIX. E foi quase no final deste último século, especificamente em 1895, que os irmãos franceses Auguste e Louis Lumière fizeram a demonstração de seu equipamento de reprodução de imagens, chamado *cinematógrafo*, em um salão na cidade de Paris. Reza a lenda que o impacto do primeiro filme exibido publicamente, chamado *A chegada de um trem na estação*, foi tão grande que os espectadores pensavam que o trem projetado estaria mesmo invadindo o recinto onde se encontravam, assustando parte dos

---

3   *O cinema brasileiro produzido ao longo da década de 1990 teve na obra da diretora Carla Camurati seu marco. O filme* Carlota Joaquina: Princesa do Brazil *(1995) atraiu uma parcela considerável de público brasileiro para as salas de cinema para assistir a um filme nacional. O sucesso dessa obra acabou por se tornar a referência de uma "retomada" do cinema brasileiro, agora não mais pautado nos princípios políticos e estéticos do Cinema Novo, tampouco das chanchadas dos anos 1970 e 1980 (da chamada "Boca do Lixo"). Sobre o tema, ver Marson (2006).*

presentes. Estava criada a mágica: a projeção da imagem parecia ser realmente o que ela retratava[4].

Entre esses primeiros espectadores do cinema em Paris estava o mágico Georges Méliès, que ficou fascinado com o novo equipamento. Utilizando o recurso de filmar a si próprio diante da câmera e, em seguida, filmar o mesmo local sem sua presença, o mágico francês conseguiu causar uma ilusão durante a projeção de que ele tinha sumido do espaço cênico. Isso fez com que Méliès percebesse no equipamento a possibilidade de fazer suas mágicas parecerem ainda mais reais. Estava criado o primeiro grande "efeito especial" cinematográfico, ainda nos últimos anos do século XIX[5].

3.1.2 A HEGEMONIA DO CINEMA HOLLYWOODIANO

Em seu nascimento no final do século XIX e início do século XX, o cinema se apresentava como um experimento técnico-científico, e Thomas Jefferson, o precursor do cinema nos Estados Unidos, registrou o equipamento cinematográfico (projetor) como sua propriedade intelectual, recebendo por seu uso naquele país. Com o tempo, porém, a história contada nos filmes, a fábula (ou trama), ganhou tanta importância que cada vez mais o cinema passou ser visto como uma diversão.

---

4   *Tanto esse filme, como muitos outros dos irmãos Lumière e de Georges Méliès, como seu famoso* Viagem à lua, *podem ser vistos na internet. Apresentá-los aos estudantes é uma forma interessante de mostrar como os efeitos especiais de hoje tentam recriar aquela primeira sensação da primeira projeção de um filme: a ideia de realidade.*

5   *Se possível, assista ao filme* Un homme de tête *(1898), facilmente encontrado na internet, em que Georges Méliès explora, com humor, o efeito de aparecer e desaparecer. Um filme que retrata de forma alegórica a vida de Georges Méliès é* A invenção de Hugo Cabret *(2011), dirigido por Martin Scorsese.*

Já nos anos 1920, os filmes se tornaram um importante produto industrial que aferia muitos lucros para seus produtores. Foi nessa época que homens de negócios se uniram para formar grandes estúdios cinematográficos nos Estados Unidos. Utilizando o mesmo modelo de produção da grande indústria – o fordismo (ou seja, a produção feita em série e dividida em rígidas e controladas etapas), os estúdios passaram a produzir muitos filmes, mantendo uma ampla rede de exibição – as salas de cinema. Eram nas chamadas *bilheterias* dessas salas que o lucro aparecia, com a venda de milhares de ingressos para um mesmo filme. Assim, quanto mais filmes, mais público pagante e, portanto, mais lucro.

Nos Estados Unidos, com a popularização da televisão em fins dos anos 1940 e início dos 1950, as salas de cinema perderam muitos espectadores adultos que, agora, podiam assistir às películas clássicas ou novas no conforto das salas de suas casas. Para poder concorrer com o novo aparelho eletrônico, os estúdios hollywoodianos tentaram de tudo: criaram filmes que necessitavam de três projetores ao mesmo tempo e que criavam a sensação de uma visão de 180°, como também os primeiros filmes em três dimensões (3D)[6].

Foi somente em meados da década de 1970 que o cinema americano voltou a ter altos lucros e salas lotadas de espectadores, agora em sua maioria formada por adolescentes de classe média. Isso porque os filmes dessa época contavam histórias simples – como o ataque de um tubarão em uma praia –, porém, com uma riqueza de efeitos especiais, uso de robôs e grandes efeitos sonoros. Eram os filmes de "'espetacularidade", dos quais diretores como Georges Lucas e Steven Spielberg são os principais expoentes.

---

6   O *primeiro filme 3D da história do cinema foi* Disque M para matar, *de Alfred Hitchcock, nos anos 1950 (Bergan, 2007).*

Naquele momento, no Brasil, a ditadura militar reprimia e censurava filmes mais politizados e de temática adulta e privilegiavam um estilo de comédia que já era conhecido desde os anos 1950 como *chanchada*. Em algumas versões, as chanchadas passavam a ter um caráter erótico, atraindo o público adulto masculino para as salas de cinema, nas chamadas *pornochanchadas*. Essa diferença entre as duas indústrias cinematográficas naquele momento histórico – cinema estadunidense atraindo adolescentes com efeitos especiais visualmente grandiosos, enquanto a indústria cinematográfica brasileira atraía um pequeno público adulto e sob censura – é um dos fatores que nos permite compreender a ampliação da exibição de filmes dos Estados Unidos no circuito cinematográfico nacional a partir do final dos anos 1960.

Com o processo de globalização da economia, ampliou-se ainda mais a penetração da cultura midiática estadunidense no Brasil e no mundo como um todo. As redes de televisão a cabo divulgam um vasto material midiático produzido pelos estúdios hollywoodianos. Fenômenos multimidiáticos, como a *Saga Crepúsculo*, permitem pensarmos uma cultura que se constrói muito em função das novas relações de poder que os conglomerados midiáticos passaram a ter no final do século XX. Livros de grande alcance entre o público jovem tornam-se histórias propícias para séries de filmes, que, por sua vez, darão origens a outros produtos midiáticos e culturais: comercialização de trilhas sonoras, clipes musicais, games, brinquedos, sítios eletrônicos, parques de diversões, entre outros[7].

Dessa forma, desde então, o filme estadunidense goza de um privilégio de mercado em nosso país difícil de ser revertido. Assim, a maior

---

7   Para compreender o processo de fusão dos conglomerados midiáticos na era da globalização e seus desdobramentos, ver Silva (2014).

parte dos jovens e adolescentes dos anos 1970 e 1980 cresceu tendo a experiência das indústrias hollywoodianas como sua principal referência cinematográfica, quando não a única. Assim, o cinema americano é visto, muitas vezes, como superior e melhor que o nacional, limitando as possibilidades de conhecer a história e cinematografias produzidas em outros países, inclusive no Brasil (Napolitano, 2013).

Nesse contexto, o que pode ser comprometedor é que nosso olhar estético, nossa concepção do que é um "bom filme", passe a considerar somente aqueles que são executados dentro dos padrões hollywoodianos de produção, ou seja, com personagens definidos, narrativa cronológica, final feliz, entre outros elementos que compõem essas narrativas.

> *O filme hollywoodiano clássico apresenta indivíduos definidos, empenhados em resolver um problema evidente ou atingir objetivos específicos. Nessa busca, os personagens entram em conflito com outros personagens ou com circunstâncias externas. A história finaliza com uma vitória ou derrota decisivas, a resolução dos problemas e a clara consecução ou não consecução dos objetivos. O principal agente causal é, portanto, o personagem, um indivíduo distinto dotado de um conjunto evidente e consistente de traços, qualidades e comportamentos.* (Bordwell, 2004, p. 279)

Isso faz com que outras produções que não sigam essa fórmula sejam consideradas "ruins" ou "sem sentido". Mas nem toda experiência cinematográfica tem de ser entendida racional e linearmente. Por vezes, existem obras e diretores que querem, em um primeiro momento, nos desconcertar, nos tirar da posição passiva de consumo da imagem e nos fazer refletir: O que tais imagens representam? Como se dá a narrativa dessa fábula? Por que o filme não tem fim (como se, para fazer sentido, tudo tivesse de ser explicado)?

A escola é uma instituição onde, entre outros objetivos específicos, devem-se criar as condições para a ampliação da cultura das pessoas que vivem em seu meio. Isso quer dizer que professores, estudantes, funcionários, famílias, enfim, todos os que estão envolvidos no sistema educacional devem crescer culturalmente à medida que trabalhem e estejam envolvidos com o universo escolar. Mas, como é possível ampliar a cultura cinematográfica na escola?

Segundo Marcos Napolitano (2013, p. 64), "a escola pode dar uma contribuição para a diversificação da cultura audiovisual ao trabalhar com filmes de origens, épocas e linguagens diversas, apesar das dificuldades de acesso".

Porém, para que essa experiência tenha também um efeito pedagógico, além de estético e cultural, cabe reafirmar a metodologia que estamos propondo: **a ampliação e o conhecimento da linguagem cinematográfica**. Assim como o professor de Matemática precisa compreender a linguagem algébrica e o professor de Geografia compreender a linguagem cartográfica, o uso do cinema terá amplos significados e usos didáticos à medida que nós, professores, estudarmos e conhecermos melhor a linguagem de que o cinema se utiliza para contar as fábulas nos filmes. Então, tal qual o matemático lê a fórmula e o geógrafo o mapa, pode-se ler o filme, ou seja, compreendê-lo em suas estruturas constituintes.

(3.2)
O QUE PENSAM OS HISTORIADORES SOBRE O CINEMA?

Ao usarmos os filmes hollywoodianos em sala de aula sem considerar as questões envolvendo a cultura da mídia e suas relações com as infâncias e juventudes atuais, corre-se o risco de tratar o filme como um produto isento de ideologias, interesses e relações de poder. Por isso, o uso do cinema na aula de História deve levar em conta também as reflexões dos historiadores sobre o próprio cinema americano.

No ensaio intitulado *O cinema: arma americana para a Guerra Fria*, Pierre Sorlin (1998) demonstra historicamente como o cinema foi utilizado enquanto artifício bélico do governo estadunidense durante o conflito ideológico contra a União Soviética.

O autor afirma que, nos anos da Guerra Fria (1947-1991), o mais importante para as potências mundiais (na época, os Estados Unidos e a União Soviética) era a manutenção de um arsenal bélico que ameaçasse o oponente e mostrasse ao resto do mundo seu poder, porém, mantendo latente a possibilidade de bombardear diretamente o outro. Sorlin (1998) argumenta ainda que, na segunda metade do século XX, o cinema feito em Hollywood foi, ao mesmo tempo, produtor e difusor de imagens sobre o perigo representado pelo sistema comunista, bem como da supremacia do sistema liberal estadunidense. Partindo da análise de cinejornais e longas-metragens, o autor demonstra o caráter político-propagandístico que o cinema adquiriu nos Estados Unidos a partir da Segunda Guerra Mundial. E quando usamos esses materiais em sala de aula, seja como ilustração, seja como documento ou problematização dos temas da História, devemos estar atentos a esses aspectos da obra cinematográfica em uso (Sorlin, 1998).

O filme operando como forma de propaganda política não é exclusividade da cinematografia estadunidense, e nos escritos de Marc Ferro (1970) já se apontava para essa possibilidade de interpretação. Porém, para Pierre Sorlin (1998, p. 380), "a propaganda, arma clássica em qualquer conflito, teve um uso particular no confronto entre os americanos e soviéticos", pois nesse caso, "o cinema não se restringiu a defender o modelo capitalista ocidental para os povos do Ocidente, mas sim, tentou seduzir o inimigo".

Sorlin (1998) demonstra sua tese na análise de filmes de longa-metragem (*feature films*), documentários e músicas que foram difundidos pela emissora de televisão da Berlim Ocidental e que eram também recebidos no lado oriental da cidade. Eles tinham o claro objetivo de retratar aos alemães o quão diferente eram os modos capitalista e comunista presentes na mesma cidade, no mesmo povo, e assegurar a supremacia do modelo capitalista. Nesse sentido, o filme não foi utilizado da mesma forma como o foi no stalinismo ou no nazismo, ou seja, difundindo ideias favoráveis aos regimes em questão entre o seu próprio povo. Parte do cinema feito em Hollywood entre os anos 1950 e 1980 constituiu-se como "arma de guerra", como um artifício para destruir o outro, o inimigo, em seu próprio território, assim como um míssil.

Pierre Sorlin (1998, p. 381, tradução nossa) destaca:

Historiadores interessados em cinema consideram os filmes como fontes históricas primárias, como um tipo de documento da evolução das mentalidades e comportamentos de uma era. Eles são também uma potente arma que auxiliou a controlar e "induzir" a opinião pública ocidental durante os momentos mais dramáticos da Guerra Fria. Os filmes auxiliaram a atrair o a opinião ocidental a resistir à capacidade de sedução do mundo soviético.

O contexto histórico do momento da produção de um filme também se faz presente na forma como a narrativa fílmica se constrói e, no período da Guerra Fria, tal contexto foi tão intenso que marcou um grande número de obras cinematográficas por um período considerável de tempo[8].

---

8 Ver Trovão (2013).

K.R.M. Short foi diretor da Escola de Comunicação da Universidade de Houston, onde lecionava a disciplina de História. Suas pesquisas entendem a relação entre cinema e história por meio da especificidade do filme hollywoodiano. No ensaio de introdução de sua obra, *Feature films as History* (1981), Short afirma que o impacto da comunicação de massas, que ocorreu primeiramente na Europa e na América do Norte e, mais tarde, no restante do mundo, é o fato mais significante do século XX (Short, 1981).

Entre outros problemas, o autor aponta a questão da censura aplicada aos filmes, presente nas versões comerciais editadas pelos estúdios e, muitas vezes, em desacordo com aquela pensada e realizada pelos diretores[9] (Short, 1981).

Em posição mais radical sobre a relação história e cinema, o historiador e roteirista Robert A. Rosenstone defende, no início de seu livro *Revisioning History* (1995), a premissa de que "os meios imagéticos são legítimos para se fazer História" (Rosenstone, 1995, p. 4, tradução nossa).

Canadense radicado nos Estados Unidos, Rosenstone (1995) ataca o predomínio do meio escrito como forma de se fazer História. Nesse sentido, o cinema deixa de ser um objeto de análise distante para se tornar **meio** para o historiador produzir o discurso histórico. Com isso, o domínio da linguagem cinematográfica se ressignifica,

---

9 Sobre essa questão das edições realizadas com interesse meramente comercial e, na maior parte das vezes, em desacordo, quando não sob o total desconhecimento por parte dos diretores, há dois filmes do cineasta espanhol Carlos Benpar, a saber: Cineastas contra magnates *(2005)* e Cineastas en Acción *(2005). Ambos foram exibidos na Mostra de Cinema Espanhol Histórico e Contemporâneo realizado na Cinemateca Brasileira, em São Paulo, em maio de 2007. Neles, diretores como Woody Allen, Bernardo Bertolucci, Jean-Luc Godard, entre outros, mostram os absurdos realizados pela indústria em filmes tanto de sua autoria quanto de outros colegas, com o objetivo de editar os originais para exibição em televisão ou na venda dos títulos sob outros suportes, como VHS e DVD.*

tornando possível, ao historiador, produzir o que o autor chamou de *seriously historical films* (Rosenstone, 1995). A diferença entre os filmes comerciais e os "filmes históricos sérios" reside no objetivo de suas produções: menos entreter e divertir e mais representar o passado sob a forma de imagens[10]. Esses materiais constituem o que o autor denomina *New History Film* ou *novo filme histórico* (Rosenstone, 1995).

Para esse historiador, os filmes comerciais de narrativa histórica podem ser utilizados como fonte para se escrever a história ou, ainda, problematizar um passado histórico.

> *Concentrando-se em pessoas documentadas ou criando personagens ficcionais que são colocados no meio de um importante acontecimento ou movimento (a maioria dos filmes contém tanto personagens reais quanto inventados), o pensamento histórico envolvido nos dramas comerciais é, em grande parte, o mesmo: indivíduos (um, dois ou um pequeno grupo) estão no centro do processo histórico. Através de seus olhos e vidas, aventuras e amores, vemos greves, invasões, revoluções, ditaduras, conflitos étnicos, experiências científicas, batalhas jurídicas, movimentos políticos, genocídios. Mas fazemos mais do que apenas ver: também sentimos. Usando imagem, música e efeitos sonoros, além de diálogos falados (e berrados, sussurrados, cantarolados e cochichados), o filme dramático mira diretamente nas emoções.* (Rosenstone, 1995, p. 33)

O que Rosenstone (1995) destaca é que tais filmes acabam criando um mundo visual de um determinado fato ou evento histórico e, dessa forma, acabam por criar uma **imagem** sobre o passado mais sensível (no campo dos sentidos) que o texto histórico. Essa experiência

---

10 *Acreditamos que um dos exemplos de filme a que Rosenstone (1995) se refere pode ser a obra* Nós que aqui estamos por vós esperamos *(1999), do diretor brasileiro Marcelo Masagão, que narra eventos históricos do século XX por meio de imagens e histórias pessoais.*

não pode ser desprezada pelo historiador, apesar de o autor não especificar como tal experiência pode ser acessada.

(3.3)
Proposta metodológica para o uso do cinema nas aulas de História

Como estudado até aqui, percebe-se o quanto o cinema pode desempenhar um papel importante no ensino da História. Nessa esteira de reflexão, propomos um caminho metodológico para o uso dos filmes na sala de aula para além do entretenimento ou da simples projeção, entendendo-o como meio de construção do conhecimento histórico.

3.3.1 Como utilizar o cinema em sala de aula?

Um filme pode ser lido e entendido em diversos aspectos. Um desses aspectos refere-se ao **exercício artístico**. Artistas e pessoas ligadas à produção cultural de uma sociedade utilizam-se do fazer imagético como forma de expressão de sua arte, como veículo de representação. Essa perspectiva pode ser encontrada nos chamados *cinemas de autor*, como também, em parte, na própria indústria do entretenimento. Nessa perspectiva, o cinema emerge como a sétima arte, a arte moderna por excelência (Bernadet, 2000).

Para Walter Benjamin (1992), uma das grandes características da modernidade é a forma como a obra de arte passou a ser entendida no século XX. Ou seja, até o advento dos meios de reprodutibilidade da imagem, como a fotografia e o cinema, as obras de arte imagéticas gozavam de uma aura, de um estado único (físico) de existência que lhes atribuía um culto apropriado. O cinema, assim como a fotografia, representa a nova forma de arte, reprodutível, que perdeu sua aura, e é reconhecida pela grande massa como imagem de arte, quanto maior o seu processo de reprodução. Observe no excerto a seguir o que Benjamin (1992, p. 78) afirma sobre esse processo:

> *Poderia caracterizar-se a técnica de reprodução dizendo que liberta o objeto reproduzido do domínio da tradição. Ao multiplicar o reproduzido, coloca no lugar de ocorrência única a ocorrência em massa. Na medida em que permite à reprodução ir ao encontro de quem apreende, atualiza o reproduzido em cada uma de suas situações.*

Dessa forma, através do pensamento benjaminiano, podemos estabelecer a importante relação do filme no limite arte-indústria cultural. O filme pode ser entendido como um produto da chamada *indústria cultural*. Enquanto industrializado, ele se insere em um sistema produtivo, adotando determinadas regras de "produção" e também de distribuição, estimando lucros, criando mercados. Ou seja, é a transformação da produção de imagem em produto cultural que pode ser **consumido pelas massas** – um contraste à posição de Benjamin (1992) de uma **consciência das massas**.

Se as regras da indústria cultural como um todo levam a um afastamento do ser humano de uma experiência social da cultura e o aproximam da experiência do consumo, como pensado por Theodor Adorno (1996) em sua análise sobre a regressão da audição musical, as regras hollywoodianas de produção inserem-se nesse contexto, porém, pelo que nos parece, com uma importante diferenciação: além de dificultar ao espectador comum outras possibilidades de leitura estética no cinema, Hollywood impõem-se como "a maior e melhor" indústria de cinema mundial, autodelegando-se um estatuto de "verdade" que até reconhece a existência de outros, mas não lhes permite serem apreciados da mesma forma.

Daí emerge a urgência em ampliar o repertório cinematográfico de estudantes e professores por meio de oficinas de estudo da linguagem cinematográfica, bem como em sessões de exibição de outras cinematografias que não exclusivamente a estadunidense.

> Todo filme já é uma história narrada que pode ser interpretada historicamente. Porém, o filme é também produto de seu tempo, carrega vestígios e sinais a respeito de uma época que o produziu.

Falamos do filme enquanto exercício artístico. Mas o filme pode ainda ser entendido como um **discurso**: enquanto enunciado, todo filme é uma forma de se afirmar ou negar algo. A estrutura narrativa fílmica foi analisada de diversas formas, entre elas, pela via psicanalítica e/ou psicológica e também pela ideológica. Enquanto discurso, ao operar no campo de linguagem, ele também produz comportamentos e opiniões (Debord, 2007).

Quando associado ao seu aspecto industrial, tal discurso tenderá a incentivar os valores e as opiniões defendidos pela indústria que o produz, qual seja, o consumo, a pseudossatisfação e a fidelidade. Os filmes hollywoodianos inscrevem-se em uma estrutura narrativa e industrial muito rígidos justamente por defenderem questões muito importantes aos seus investidores e difusores: seja a adesão ideológica, seja a criação de comportamentos e consumo.

Mas um filme é também uma importante **fonte de estudos para os historiadores** (Xavier, 1985). Convém, igualmente, problematizar o seu uso como documento para o ensino da História, ou seja, na superação do uso meramente ilustrativo do filme em sala de aula.

Como fonte para a História (seja na pesquisa, seja no ensino), temos que considerar aspectos importantes do filme: a temporalidade (do filme e do que é narrado nele) e a linguagem. Ou seja, todo filme já é uma história narrada que pode ser interpretada historicamente. Porém, o filme é também produto de seu tempo, carrega vestígios e sinais a respeito da época que o produziu.

Alguns aspectos técnicos dos filmes, quando observados em separado, podem auxiliar a análise desses materiais e se constituem em exercício interessante para o professor ou os estudantes realizarem. Vejamos.

> **Título original e legendas:** É de conhecimento geral que muitos títulos de filmes estrangeiros são adaptados para que façam sentido em nossa língua e cultura. Nesse sentido, pesquisar qual a nacionalidade da película, qual seu título original e o que significa, bem como atentar para problemas ou erros de tradução, podem ampliar a análise. Sugerimos que tais atividades sejam desenvolvidas, por exemplo, sob a forma de trabalho interdisciplinar com as disciplinas de inglês ou espanhol.
>
> **Dados técnicos dos filmes:** Saber quem são os produtores, o valor dos orçamentos e lucro obtidos nas bilheterias, quem dirigiu o filme e os principais atores pode auxiliar na análise e na crítica do material fílmico. Sabe-se que no cinema comercial existe uma tendência a escolher os atores que atraem maior público, bem como os diretores que rendem maiores bilheterias. Nesse sentido, existem bases de dados e sítios eletrônicos na internet que auxiliam a pesquisa técnica, como o *International Movie Database* (www.imdb.com).
>
> **Análise da recepção fílmica:** Um dos grandes problemas com que o professor se depara ao utilizar filmes em sala de aula é saber como a obra foi recebida em sua época. Para tanto, existem alguns materiais que podem auxiliar essa tarefa, como as críticas cinematográficas, publicadas, geralmente, em jornais de grande circulação ou ainda em sítios eletrônicos e *blogs* sobre o tema. Ler essas críticas, ainda que não tragam a opinião do público em geral, nos dão uma base de como o filme foi visto na época: Foi um sucesso ou um fracasso? Teve uma boa repercussão? Quais pontos foram mais comentados da obra? Esses dados, juntamente com os que já expusemos, nos permitem uma leitura crítica do filme, agora não apenas como espectadores, mas sim como estudiosos, analistas.

> **Análise de trilha sonora:** Os filmes são imagens em movimento com som. Por isso, a análise da trilha sonora, que não se limita às músicas usadas no filme, mas abrange os sons que são utilizados para narrar a história, também podem nos revelar como determinado fato ou fenômeno histórico foi pensado na época. Podemos usar como exemplo o filme *Maria Antonieta* (2006), dirigido por Sophia Coppola. Apesar de o filme ser um retrato bastante interessante da vida da jovem rainha francesa, com cenas filmadas dentro do Palácio de Versalhes, a trilha sonora (e também as cores) são de músicas contemporâneas e joviais, incluindo o *rock*. O que podemos concluir de sua análise é que, além de uma biografia de Maria Antonieta, a diretora está problematizando também a juventude da rainha que, ainda adolescente, se viu obrigada a assumir uma série de responsabilidades como princesa e depois, como rainha da França.
>
> **Análise de um excerto do filme:** Quando usamos os filmes como material de estudo ou ensino, não é necessário que toda a obra seja estudada e analisada em profundidade. Cabe ao professor de História ou pesquisador decidir quais excertos, ou seja, quais "pedaços" do filme merecem um olhar mais atento e, ainda, sob quais aspectos.

O mais importante é que o filme – seja em sala de aula, seja como material de pesquisa histórica (documento histórico) – deixe de ser visto meramente como entretenimento e passe por uma problematização metodológica, como a que sugerimos ao longo desse texto, a fim de que seu uso não seja confundido como um momento menor de ensino. Os filmes no ensino de História têm um grande potencial para despertar nos estudantes o espírito crítico, a leitura midiática e um pouco do trabalho do historiador.

A título de exemplo, sugerimos a projeção do filme *Gladiador* (2000), dirigido por Ridley Scott. Sugira aos estudantes que pesquisem alguma crítica cinematográfica que o filme recebeu, bem como sobre seu diretor e o orçamento utilizado. Esses dados devem ser utilizados para se pensar o momento da produção fílmica, ou seja, o presente de quando o filme foi realizado.

É importante que a projeção da película seja feita em sala de aula. Após as aulas para essa atividade, peça aos estudantes que tragam os elementos da crítica e os dados técnicos que anotaram ao longo da projeção. É interessante observar como nessa atividade o olhar do crítico funciona como um caminho para compreendermos a forma como o filme foi recebido em sua época e como foi interpretado.

Pelas imagens do filme e suas análises, destaque com os estudantes os pontos mais importantes da história de Roma e da sua política. Por esses destaques que o filme sugere, será possível conduzir a aula sobre a antiguidade romana. Dessa forma, rompe-se com a didática tradicional, na qual o conteúdo formal é ministrado e o filme o ilustra. Aqui, é o filme e suas questões (tanto do que narra, quanto de quando foi feito) que direcionará o estudo da história.

(3.4)
COMPUTADOR, INTERNET E O ENSINO DE HISTÓRIA

Quando pensamos em **redes sociais**, vem-nos à mente a ideia de redes eletrônicas como Facebook, Twitter, Instagram e Snapchat, além de programas de troca de mensagens instantâneas como WhatsApp.

Basta o professor entrar em uma sala de aula de adolescentes ou jovens para ver que seus estudantes estão, em grande parte, conectados aos celulares, o equipamento necessário para o acesso a todas essas redes. Normalmente, o professor pede que os estudantes guardem seus aparelhos e, em determinadas escolas, quando o aluno insiste em utilizar o celular em sala de aula – mesmo quando foi orientado a não o fazer –, adota-se a medida radical de reter os aparelhos sob a guarda da escola. Pois bem, talvez tenhamos diante de nós duas situações a que o professor de História tem de estar atento para não cometer anacronismos, como pensar que as redes sociais são uma invenção de nossa época e querer eliminar os aparelhos celulares (hoje, na verdade, minicomputadores que, inclusive, fazem ligações telefônicas!) de nossas aulas.

Como afirmou Edgar Morin (2011), citado no início deste capítulo, a sociedade contemporânea é chamada de *sociedade do conhecimento* e deve ser compreendida em sua complexidade, o que subentende sua compreensão em uma "rede" de conhecimentos que se interligam. Porém, ao que tudo indica, no geral, tanto as escolas quanto os educadores não acompanharam muito de perto o desenvolvimento dessa sociedade do conhecimento. Em especial, caberia aos educadores, no uso das mídias em sala de aula, compreender que **informação não é o mesmo que conhecimento.**

O maior desafio é: Como auxiliar os estudantes a transformar em conhecimento o quase infinito volume de informações disposto nas redes sociais e na internet? Para responder a essa pergunta, devemos nos questionar: O que é conhecimento? Segundo Edward P. Thompson (2002), conhecimento é, acima de tudo, fruto de uma experiência, de uma vivência. Nas palavras do autor:

> *A experiência modifica, às vezes de maneira sutil e às vezes mais radicalmente, todo o processo educacional; influencia os métodos de ensino, a seleção e o aperfeiçoamento dos mestres e o currículo, podendo até mesmo revelar pontos fracos ou omissos nas disciplinas acadêmicas tradicionais e levar à elaboração de novas áreas de estudo.* (Thompson, 2002, p. 13)

O conhecimento escolar, portanto, é fruto da vivência e dos saberes que os estudantes já trazem e acessam, mas que devem ser problematizados, questionados, desconstruídos, experienciados. E a História, nesse caso, é um saber privilegiado para problematizar as certezas e afirmativas do tempo presente.

À medida que a última década do século XX viveu a revolução tecnológica, eletrônica e robótica, as redes de comunicação avançaram de uma maneira bastante acelerada para os nossos padrões até então. Assim, a internet e a **cibercultura** passaram a marcar a vida cotidiana de todos nós na virada do século XX para o XXI.

A cibercultura já não é mais uma promessa, e sim uma realidade. Teixeira (2012, p. 27) lembra que "Marcada pelas tecnologias digitais de rede, a cibercultura permeia o cotidiano das pessoas, que convivem e se fundem com as tecnologias disponíveis, fazendo destes aparatos extensões de seus próprios corpos".

Vê-se, portanto, uma nova dinâmica social com polos de emissão variados, que permitem a cada indivíduo que ele seja ao mesmo tempo emissor e receptor de informações, rompendo com a lógica da distribuição broadcast, e assumindo a característica de "todos para todos". (Macedo; Castilho, 2014, p. 483)

Mas as redes sociais e seus desdobramentos culturais podem ser considerados uma exclusividade de nosso tempo? O historiador americano Robert Darnton é categórico em sua resposta: não! Em sua obra intitulada *Poesia e polícia: redes de comunicação na Paris do século XVIII* (2014), o autor nos mostra como, em outro momento histórico – no caso específico dessa obra, às vésperas da Revolução Francesa –, uma verdadeira rede de informações e saberes se articulou em torno de poemas que eram lidos, memorizados, cantados, reescritos e declamados em tavernas e espaços públicos. O teor desses poemas colocava em cheque a estrutura política da época, o que mobilizou a polícia da França na busca dos autores e declamadores dos perigosos poemas, detendo pessoas, interrogando-as, gerando um imenso processo criminal a que o historiador teve acesso, constituindo-se, assim, nas fontes de sua pesquisa. "Ao acompanhar o curso dos poemas e ao seguir as pistas que a polícia levantava à medida que ia prendendo um homem depois do outro, podemos descobrir uma complexa rede de comunicação e estudar a maneira como a informação circulava numa sociedade semialfabetizada" (Darnton, 2014, p. 9).

Portanto, é importante percebermos que as" "redes" de informações e conhecimento existem há muito tempo e seus efeitos políticos e sociais também puderam ser sentidos em outros momentos históricos. O que torna nosso momento presente único é o fato de sermos nós, seus agentes, que o percebemos e que, em função do desenvolvimento técnico vivido nesse momento, a amplitude dessas redes, agora difundidas em meio eletrônico, alcançam um número cada vez maior em igual proporção de velocidade.

Por isso, é importante o professor de História pensar e problematizar o uso das redes sociais no campo do ensino da História, até para poder romper com a tendência do "presentismo" (Hobsbawm, 1998, p. 38), muito comum em nossa sociedade, fenômeno em que nos vemos desligados do passado, presos e seduzidos pelo nosso próprio presente, assim como Narciso diante de sua própria imagem refletida na água. Ao problematizar uma certeza do presente e discutir suas possibilidades de passado, o historiador transforma uma informação (a organização em redes de informação) em conhecimento. A velocidade da informação e seu acesso se alteraram em função de avanços técnicos, mas mantemos um ponto em comum com o passado: a organização em rede de informações, que já nos antecedia.

O historiador francês Emmanuel Le Roy Ladurie (2011) escreveu um texto interessante, que hoje pode nos servir de testemunho (ou memória) daquele momento da chegada dos computadores ao uso pessoal e profissional, em final dos anos 1960 na Europa. Ladurie (2011, p. 207) afirma no texto intitulado *O historiador e computador*:

na história, como em outros campos, o que conta não é a máquina, mas sim o problema. A máquina só é interessante na medida em que permite abordar questões novas, originais no que diz respeito aos métodos e conteúdos e, sobretudo, no que concerne à sua amplitude.

Uma vez admitido esse ponto, muitas direções fecundas se abrem para os historiadores em suas pesquisas auxiliadas pela informática. Uma das orientações mais claras é a análise de vastos corpus de documentos, cujos dados eram capitais, mas cujas dimensões vinham, até então, desafiando os esforços dos pesquisadores.

Ainda que o texto se dirigisse aos historiadores dedicados à pesquisa histórica, enfatizando os benefícios que o computador apresentava naquela época, podemos pensar o ensino da História mediante algumas perspectivas que o autor aponta.

É importante destacarmos que a simples utilização da máquina, ou seja, o computador ou o celular (que, como estamos enfatizando, em muitos casos é um minicomputador) não garantem um maior aprendizado ou, ainda, uma exploração das potencialidades dessas tecnologias na educação. **O mais importante continua sendo a problematização que será enfrentada, e cujo equipamento será o meio para se chegar às informações que poderão solucioná-la**[11].

Por sua vez, tendo acesso ao equipamento e à rede mundial de computadores (a internet), o professor de História tem diante de si uma série de possibilidades de trabalho, como passaremos a sugerir.

---

11 *Vale a pena aqui retomar os objetivos da disciplina de História, descritos nos Parâmetros Curriculares Nacionais (PCN), como também alguns apontamentos feitos pela professora Janice Theodoro, em seu texto* Educação para um mundo em transformação *(2008), onde afirma que o ensino da História deve promover: aprendizagem em resolver situações-problemas; identificar situações e circunstâncias históricas, comparar e relacionar tempos históricos diferentes, entre outros (Theodoro, 2008).*

> **Acesso a documentos históricos**: A digitalização e a disponibilização de muitos documentos históricos permitem hoje, ao professor de História, não apenas citar a existência dos documentos, mas trabalhá-los em sala de aula. Por exemplo, documentos escritos oficiais, como a Constituição de 1891 (a primeira da República Brasileira) ou a Lei Áurea, são facilmente encontrados na rede. Ainda mais interessantes são os documentos não oficiais, como cartas, jornais de época, fotografias, imagens em movimento, músicas, que temos à disposição para problematizarmos uma determinada questão histórica em sala de aula. O portal Domínio Público (disponível em: <http://www.dominiopublico.gov.br/pesquisa/PesquisaObraForm.jsp>) contém vários materiais midiáticos de uso livre, como também o Portal do Professor (disponível em: <portaldoprofessor.mec.gov.br>).
> **Criação de um *blog* histórico**: As ferramentas digitais transformam-se com grande facilidade. Os *blogs*, páginas pessoais em que é possível desenvolver conteúdo, são uma boa opção para que o estudante crie textos mais midiáticos, onde além da linguagem escrita, pode-se ainda inserir materiais de vídeo, áudio e *links* para outros sítios eletrônicos.
> **Visitas virtuais a museus**: A maioria dos municípios brasileiros não conta com equipamentos culturais, como o museu. Grandes museus mundiais já disponibilizam parte de seu acervo digitalizado e permitem o que chamam de *visita virtual*, como é o caso do Museu Imperial de Petrópolis, ou a visita em 3D, como o Museu do Louvre, na França. Além de museus históricos, existem museus de imagem e som, de idiomas, de artes etc. Explorar esses lugares virtuais com os estudantes permite o acesso a um material até então impossível de ser acessado.
> **Celular na aula**: A maioria dos aparelhos de celulares hoje permite acesso à internet e uso de outras tecnologias, como câmeras fotográficas, filmadoras e troca de mensagens. Algumas possibilidades de uso didático desse equipamento em aula pode ser a formação de um Dicionário Histórico coletivo, através do recurso dos grupos de troca de mensagens que alguns aplicativos permitem criar. Assim, palavras, termos e conceitos que são desconhecidos por algum estudante podem ser pesquisados e compartilhados coletivamente. A criação de pequenos curtas utilizando os recursos de câmera de vídeo ou fotografia podem ser uma alternativa para a apresentação de determinados resultados de pesquisa em grupo.

O fato principal que não se pode perder de vista é que o uso exclusivo de mídias e de tecnologias em sala de aula não faz uma aula ser mais ou menos produtiva, mais ou menos interessante. O fundamental, ainda, é o preparo por parte do professor, que deve:

- Selecionar o conteúdo histórico a ser estudado.
- Estudar o tema, tendo por base a historiografia sobre o assunto.
- Problematizar uma questão para estudo e discussão.
- Selecionar os materiais e definir técnicas e etapas do estudo.
- Estimular o envolvimento dos estudantes em todo o processo de estudo.
- Apresentar os resultados do estudo para o grupo.

Acreditar que vivemos em uma sociedade do conhecimento e auxiliar os estudantes a transformar informação em saber não acontece automaticamente por si só. Precisamos ter em mente que o presente nos fornece as pistas para buscarmos no passado seu debate e compreensão, e não o contrário. E ao problematizarmos o passado à luz do presente, já o estamos problematizando e questionando, finalmente realizando em sala de aula aquilo que entendemos por uma relação de aprendizagem histórica.

A título de exemplo, sugerimos a criação de um dicionário histórico utilizando a troca de mensagens e a consulta *on-line* por celular. Crie grupos de estudantes que trocarão mensagens via celular entre si através da rede de suas preferências, tendo o professor como administrador e mediador dos conteúdos ali postados. O grupo será responsável por criar um dicionário livre de termos históricos (ao estilo das enciclopédias digitais livres), em que cada um pode ajudar e complementar o texto iniciado. As palavras a serem pesquisadas podem surgir ao longo das aulas ou das atividades desenvolvidas tanto em sala quanto nos estudos em casa. Ressaltamos a importância de o professor mediar e coordenar essa atividade, uma vez que postagens que não sejam do interesse do grupo devem ser evitadas.

Flávio Vilas-Bôas Trovão

Síntese

Levando em consideração a acentuada presença das multimídias em nosso cotidiano e a importância cada vez maior de aprender como ler e criticar essa cultura da mídia, em vez de evitá-la nas aulas de História, acreditamos que seu uso possibilita transcender a mensagem imediata da máquina (celular, o computador ou o cinema) para chegar aos temas a serem discutidos com o uso desses materiais no ensino: Quais as condições de produção desses equipamentos e seus saberes? Sob qual contexto histórico foram produzidos e que fatos podem ser percebidos em suas narrativas? Quais as questões ideológicas presentes em um determinado equipamento ou no seu uso?

Considerando, ainda, que grande parte das produções cinematográficas estadunidenses tem no público jovem seu principal espectador e consumidor, e tendo em vista serem majoritariamente crianças, adolescentes e jovens os estudantes com quem os professores de História trabalham na atualidade, os filmes hollywoodianos em sala de aula podem também nos auxiliar a compreender melhor as pessoas com as quais estamos trabalhando.

Por isso, é importante considerarmos uma cultura da mídia não restrita à análise do material midiático, mas também pelos modos como os estudantes infantojuvenis de hoje se relacionam com essas mídias. Nesse sentido, o uso de filmes, computadores, celulares e internet nas aulas de história podem auxiliar na construção de uma cultura crítica, em que os estudantes passem de uma posição por vezes restrita ao consumo ou à difusão midiática para a de sujeitos com maior autonomia e capacidade de se relacionar com esse mundo de sons, imagens e interação.

Por fim, mas não menos importante, o uso dos filmes e as demais tecnologias aqui elencadas em sala de aula deve nos lembrar da necessidade de diversificarmos nossa cultura fílmica, nossa cultura tecnológica e digital, como também a dos estudantes, procurando filmes de diferentes culturas, idiomas, temáticas e narrativas; sítios eletrônicos de diferentes materiais e conteúdos; usos mais inteligentes de aplicativos que são, à primeira vista, compreendidos como entretenimento. O que não é possível é cometermos o anacronismo de deixarmos essas questões de fora de nosso ensino ou de nós mesmos.

Atividades de autoavaliação

1. Leia o excerto a seguir e marque V para verdadeiro e F para falso.

   A obtenção de informações críticas sobre a mídia constitui uma fonte importante de aprendizado sobre o modo de conviver com esse ambiente cultural sedutor. Aprendendo como ler e criticar a mídia, resistindo a sua manipulação, os indivíduos poderão fortalecer-se em relação à mídia e à cultura dominantes. (Kellner, 2001, p. 10)

   - ( ) Devemos estar atentos ao que as propagandas dizem e aproveitar suas sugestões de consumo.
   - ( ) Compreender as linguagens utilizadas pelas mídias é um método para poder lê-las em sua estrutura.
   - ( ) A mídia é um campo da indústria do entretenimento e, como tal, visa apenas divertir e entreter as pessoas.
   - ( ) A cultura da mídia é complexa, e aprender a lê-la criticamente possibilita ao sujeito maior autonomia em relação ao que pensar e consumir.

Agora, assinale a alternativa que contém a sequência correta:

a) V, F, V, F.
b) F, F, V, V.
c) V, F, F, F.
d) F, V, F, V.

2. O termo *culturas juvenis* carrega em si significados maiores que simplesmente as ações ou produtos culturais voltados e/ou desenvolvidos por jovens. Sobre os sentidos do referido termo, relacione corretamente a coluna 1 com a coluna 2.

(1) Diferentes experiências juvenis podem refletir, também, diferentes relações de classe social, gênero e credo.	( ) É por isso que em cada momento histórico um determinado grupo juvenil acaba por se impor como o modelo de juventude daquele período.
(2) Cada época produz uma determinada visão homogênea sobre o que é ser jovem e seus comportamentos.	( ) Por isso a concepção de que o jovem é um adulto em formação é desconsiderada, uma vez que o jovem já tem sua história e sobre ela atua.
(3) As culturas juvenis destacam o protagonismo dos jovens e adolescentes na construção de suas identidades, concebendo-os como sujeitos completos.	( ) Por essa razão, o professor de História deve estar atento à realidade a qual seus estudantes estão inseridos, valorizando as diversidades de experiências ali vivenciadas.

Agora, assinale a alternativa que contém a sequência correta:

a) 1, 2, 3.
b) 3, 1, 2.
c) 2, 3, 1.
d) 3, 2, 1.

3. O uso das mídias no ensino da História vem se acentuando nos últimos anos, dinamizando e problematizando os temas e metodologias abordados em sala de aula. Sobre esse tema, assinale a alternativa correta:
   a) Um grande volume de equipamentos ou tecnologias em sala de aula são garantias de um processo satisfatório ao ensino da História.
   b) O professor de História deve preparar antecipadamente um roteiro para o uso da mídia em aula e, no caso do cinema, assistir ao filme antecipadamente.
   c) O uso das mídias no ensino da História deve se limitar ao ensino da História Contemporânea, visto que a maior parte das mídias que hoje utilizamos ainda não existiam no passado.
   d) O uso didático de celulares e computadores deve ser evitado nas aulas de História, uma vez que podem distrair a atenção dos estudantes sobre o tema ensinado.

4. Segundo o historiador Eric Hobsbawm (1998), muitas pessoas vivem atualmente em um eterno "presentismo". Segundo o autor, isso significa que:
   ( ) um dos maiores objetivos do ensino da História aos adolescentes e jovens de hoje deve ser historicizar o presente, demonstrando que nossas vidas e as tecnologias têm relações com outras experiências passadas ao longo do tempo.
   ( ) a maioria das pessoas considera que vivemos no momento mais evoluído da história e que toda a tecnologia que existe hoje jamais teve precedentes em qualquer época.

( ) esses sujeitos aproveitam ao máximo o presente, conscientes de suas escolhas.

( ) viver sem pensar no passado é melhor, pois somos mais livres e menos influenciados por uma mentalidade já ultrapassada. Nesse sentido, o presentismo é positivo, na visão do autor.

Agora, assinale a alternativa que contém a sequência correta:

a) V, F, V, F.
b) V, F, F, F.
c) F, V, V, F.
d) V, V, F, F.

5. Ao longo deste capítulo, analisamos o uso das mídias e tecnologias no ensino da História, destacando suas necessidades, limitações e importância. A respeito do tema, assinale a alternativa correta:
   a) É um bom recurso para as aulas, servindo apenas como ilustração dos conteúdos ensinados.
   b) Deve ser evitado seu uso em sala de aula, uma vez que os aparelhos podem tirar a atenção dos estudantes dos conteúdos históricos.
   c) É uma fonte rica de pesquisa a disposição dos estudantes em sala de aula, se bem conduzida pelo educador.
   d) O seu uso nas aulas de História é cada vez mais limitado.

Atividades de aprendizagem

Questões para reflexão

1. Com base em seus estudos, escreva um texto expondo pontos positivos e negativos do uso de celulares como recurso didático. Em seu texto, apresente suas conclusões sobre o uso dessa tecnologia em sala de aula, explicitando seu posicionamento a esse respeito.

2. Analise o texto a seguir.

> **Os vários usos do cinema e vídeo na escola**
> **Usos inadequados em aula:**
> - Video-tapa-buraco: colocar vídeo quando há um problema inesperado, como ausência do professor. Usar este expediente eventualmente pode ser útil, mas se for feito com frequência desvaloriza o uso do vídeo e o associa – na cabeça do aluno – a não ter aula.
> - Vídeo-enrolação: exibir um vídeo sem muita ligação com a matéria. O aluno percebe que o vídeo é usado como forma de camuflar a aula. Pode concordar na hora, mas discorda do seu uso.
> - Vídeo-deslumbramento: o professor que acaba de descobrir o uso do vídeo costuma empolgar-se e passa vídeo em todas as aulas.
> - Só vídeo: não é satisfatório didaticamente exibir o vídeo sem discuti-lo, sem integrá-lo com o assunto da aula, sem voltar e mostrar alguns momentos mais importantes.

Fonte: Napolitano, 2013, p. 34.

Considerando o que foi estudado sobre o uso de filmes nas aulas de História, reflita sobre os pontos elencados pelo professor Marcos Napolitano (2013) no excerto e escreva um roteiro de como seria o uso adequado desse recurso nas suas aulas. Você pode ir além, fazendo outras sugestões que não estão propostas neste material.

Flávio Vilas-Bôas Trovão

Atividade aplicada: prática

1. Com base nos estudos deste capítulo sobre as mídias no ensino de História, faça um quadro resumindo os recursos midiáticos possíveis de serem utilizados em aula, o preparo necessário que cada um deles exige, suas estratégias de uso e os resultados almejados.

Recurso	Preparação	Como usar	Resultados esperados
Vídeo/Cinema			
Celular/*Tablet*			
Computador			

CAPÍTULO 4
A avaliação do
aprendizado em História:
reflexão e ação

O objetivo deste capítulo é apresentar a você as discussões sobre a avaliação da aprendizagem de História, bem como trazer sugestões e experiências que têm sido frutíferas na prática docente. Não espere aqui um manual de regras do que devemos ou não fazer, mas um convite à reflexão e, sobretudo, um aviso dos perigos da mecanização do modelo avaliativo em História. Igualmente, serão feitas sugestões com base na prática docente que busca um equilíbrio entre o que é apresentado como ideal de avaliação e o que é imposto pelos sistemas de ensino.

Avaliar o aprendizado em História! Eis uma tarefa hercúlea, digna das mais incríveis proezas de um herói grego e que faz parte do cotidiano de inúmeros professores no Brasil. A cadeia do processo avaliativo das escolas segue a lógica moderna: um estudo prévio, um período de preparação e um teste avaliativo em que a escrita, a leitura e a escolha das melhores respostas resultam em sucesso transcrito em nota. Algumas vezes, é dada aos professores a possibilidade de criarem seus próprios instrumentos de avaliação, em outros casos, não. E como quase todo processo de lógica moderna, facilmente ele cai em uma mecanização de sentidos e procedimentos.

Basicamente, funciona assim: professores vencem o conteúdo, aplicam provas, passam horas corrigindo pilhas de papéis, lançam notas e o processo recomeça. Pode parecer embaraçoso, mas nós mesmos nos pegamos vitimados e reprodutores dessa lógica ao longo dos nossos anos de trabalho. Por quê? A resposta é simples: porque é mais fácil, cômodo e é "o que todo mundo faz". É um método que se tornou tão padronizado que sobre ele quase não existem questionamentos no dia a dia prático da comunidade escolar. Professores ficam satisfeitos em distribuir notas. Pais cobram filhos por um bom rendimento. Crianças e adolescentes aprendem o valor do esforço e são recompensados com um número. É simples e funciona.

Mas convido você a refletir sobre essa realidade e pensar como você pode, diante dessa aventura que chamamos de *escola* e por meio do seu exercício profissional, acrescentar uma nova variante a esse cenário.

Foi no século XX, na Alemanha, após a Segunda Guerra Mundial, que o ensino de História nas escolas começou a ser objeto de questionamento e reflexões. Segundo Jörn Rüsen, teórico alemão do ensino de História, "os historiadores consideravam [até então] que sua disciplina estava legitimada pela sua mera existência" (Rüsen, 2006, p. 27). Desses questionamentos surgiu, nos anos 1960, um novo campo de conhecimento: a didática de História, que pesquisa o papel prático da História no cotidiano das pessoas e como se dá a relação dos sujeitos com ela. Mais do que isso, a didática de História se apresenta como um campo de reflexões acerca da produção da história, do saber histórico e das práticas de ensino. O principal pensador dessa linha é o já citado teórico alemão Jörn Rüsen, cujas investigações produziram muitas pesquisas sobre a didática e o ensino da História, inclusive no Brasil. Sua reflexão parte da busca por um papel da História na vida prática das pessoas. Segundo ele, apesar de a História ser uma disciplina escolar teórica, ela ajuda na construção de uma consciência histórica, que é a base para orientações práticas na vida de cada sujeito. Ou seja, a História nos molda como indivíduos, nos confere identidade e espaço no mundo, oferecendo não somente explicações para a realidade que nos rodeia, mas também mecanismos para questionarmos e mudarmos nossa realidade, como podemos perceber na fala de Rüsen (2010, p. 39):

> *O aprendizado histórico é uma das dimensões e manifestações da consciência histórica. É o processo fundamental de socialização e individualização humana e forma o núcleo de todas estas operações. A questão básica é como o passado é experienciado e interpretado de modo a compreender o presente e antecipar o futuro.*

A ideia de colocar o estudante de História diante da realidade e indicar o seu papel transformador no mundo é, basicamente, parte do pensamento marxista nos anos 1960 e 1970 no Brasil, em concordância também com o pensamento de Paulo Freire (1991, p. 126), que indica:

> *Você, eu, um sem-número de educadores sabemos todos que a educação não é a chave das transformações do mundo, mas sabemos também que as mudanças do mundo são um quefazer educativo em si mesmas. Sabemos que a educação não pode tudo, mas pode alguma coisa. Sua força reside exatamente na sua fraqueza. Cabe a nós pôr sua força a serviço de nossos sonhos.*

A ideia da educação como vetor transformador acaba convergindo para a ideia de que **todo indivíduo é um agente histórico**, ou seja, de que cada pessoa pertence ao curso da história e ter conhecimento sobre ela é uma poderosa ferramenta para orientar uma mudança. No marxismo clássico, a ideia de que homens e mulheres unidos, não importando a qual grupo social pertençam, poderiam modificar o mundo, trouxe uma mudança de paradigmas no ensino da História: a valorização daqueles que a história relegava a uma posição de menor destaque. A história dos vencidos ou a história vista de baixo mudou a produção acadêmica e o ensino de História em sala de aula. Até hoje somos impactados por essa ideia em nosso cotidiano escolar.

Esse é um ponto inicial nessa explanação. Não podemos apresentar a história aos nossos alunos como algo dado, fixo, pronto. Uma vez que a história é fruto das reflexões do ser humano no presente, e não apenas uma narrativa dos fatos do passado. Não basta que nossos alunos aprendam o que aconteceu, é preciso estabelecer vínculos do passado com sua vida e, assim, dar significado à nossa tarefa. Voltemos a Rüsen (2010): não é saber do passado, é experimentá-lo e, assim, gerar um aprendizado que será levado vida a frente.

No entanto, apesar da clareza em buscar uma disciplina que dialoga com os estudantes e dos esforços em produção de material didático atualizado, que estabeleça relações com o tempo presente, pouco se falou sobre os processos avaliativos da disciplina, uma vez que a didática está mais preocupada em como nos relacionamos com a História e de que forma ela compõe a nossa consciência histórica, que nos guia na vida prática. Portanto, a ideia desse capítulo é trazer algumas orientações práticas da condução de avaliações em História com base na prática e na tensão estabelecida entre o que a academia indica como ideal e a realidade das escolas, que muitas vezes limitam o trabalho do professor e indicam a pré-existência de modelos a serem seguidos. Mais uma vez: não se trata do ideal, nem do possível, mas do prático e reflexivo.

> A ideia da educação como vetor transformador acaba convergindo para a ideia de que **todo indivíduo é um agente histórico**, ou seja, de que cada pessoa pertence ao curso da história e ter conhecimento sobre ela é uma poderosa ferramenta para orientar uma mudança.

(4.1)
Aspectos legais do processo avaliativo

Não é comum aos professores, e de uma forma mais ampla, a qualquer cidadão brasileiro, o conhecimento das leis que regem o sistema de ensino no país. Uma das facetas dessa realidade é o fato de inúmeras vezes nos deparamos com situações que levam pais, escolas, professores e alunos a buscarem orientação ou punição da justiça. É um processo de *judicialização* das escolas, que cada dia se torna mais presente e que pode ser considerado apenas um sintoma para o verdadeiro perigo, chamado no âmbito jurídico de *conduta culposa*:

> *A conduta culposa inclui ações ou omissões, sendo que, neste último caso, tem o agente o dever jurídico de agir, de praticar um ato para impedir o resultado danoso. Quem responde pela omissão não responde pelo fato de outrem, mas pelo fato próprio da omissão.*
>
> *A culpa é, por vezes, de difícil caracterização, mas pode-se afirmar que resulta do descumprimento de um dever de cuidado que, por sua vez, são a cautela e diligência necessárias para que não resulte lesão aos bens jurídicos alheios. Este dever de cuidado pode estar previsto em lei ou no contrato.* (Chrispino; Chrispino, 2008, p. 18)

Enfim, não há dolo (intenção de fazer o mal) na maioria dos casos de judicialização das relações escolares, mas há elementos de culpabilidade mediante negligência ou desconhecimento dos dispositivos legais por parte dos agentes escolares.

Assim, é fundamental que parte de seu tempo de preparo para a carreira de professor seja utilizada para conhecer, discutir e entender os dispositivos legais inerentes a esse ofício. Certamente, um conhecimento claro da lei vai dar segurança para o exercício profissional pleno da licenciatura.

A Lei de Diretrizes e Bases da Educação (LDB) no Brasil – Lei n. 9.394, de 20 de dezembro de 1996 (Brasil, 1996) –, que é o documento fundamental da educação no país, vem sendo rediscutida nos últimos anos. Ainda assim, essa lei traz algumas determinações acerca da avaliação na educação básica desde 1997. Entre elas, a definição da responsabilidade da avaliação escolar sobre o professor:

> Art. 13. Os docentes incumbir-se-ão de:
>
> I – participar da elaboração da proposta pedagógica do estabelecimento de ensino;
>
> II – elaborar e cumprir plano de trabalho, segundo a proposta pedagógica do estabelecimento de ensino;
>
> III – zelar pela aprendizagem dos alunos;
>
> IV – estabelecer estratégias de recuperação para os alunos de menor rendimento;
>
> V – ministrar os dias letivos e horas-aula estabelecidos, além de participar integralmente dos períodos dedicados ao planejamento, à avaliação e ao desenvolvimento profissional;
>
> VI – colaborar com as atividades de articulação da escola com as famílias e a comunidade. (Brasil, 1996)

Aqui, o corpo da lei lista os deveres determinados ao professor no exercício do seu ofício. Fica claro que cabe aos professores o dever de zelar pela aprendizagem dos alunos, de estabelecer estratégias de recuperação e participar integralmente dos períodos dedicados à avaliação. Nesse primeiro ponto, queremos deixar claro que existe uma multiplicidade de diferenças sobre os processos avaliativos em História. E isso é bom, porque abre inúmeras possibilidades e caminhos. Note que o professor não é o responsável direto por fazer todas as avaliações. A lei acaba delegando essa tarefa à composição de cada escola, com autonomia de decisão e mediante aprovação das secretarias estaduais de ensino[1]. Assim, a realidade é que, dependendo da escola, pública (municipal, estadual ou federal) ou privada, existirão regras internas sobre o processo avaliativo. É fundamental conhecer esses processos: os cálculos utilizados para fazer a média do aluno, a proposta pedagógica de cada escola, a orientação da direção e assim por diante. Enfim, cada caso é um caso.

Outro ponto, ainda nos Dispositivos Gerais da LDB, art. 24, inciso V, está definido:

Art. 24. [...]
V – a verificação do rendimento escolar observará os seguintes critérios:
a) avaliação contínua e cumulativa do desempenho do aluno, com prevalência dos aspectos qualitativos sobre os quantitativos e dos resultados ao longo do período sobre os de eventuais provas finais;
b) possibilidade de aceleração de estudos para alunos com atraso escolar;
c) possibilidade de avanço nos cursos e nas séries mediante verificação do aprendizado;
d) aproveitamento de estudos concluídos com êxito;
e) obrigatoriedade de estudos de recuperação, de preferência paralelos ao período letivo, para os casos de baixo rendimento escolar, a serem disciplinados pelas instituições de ensino em seus regimentos. (Brasil, 1996)

Isso reforça que cada escola, diante de seu regimento interno e sistema de ensino, costuma definir as normas para realização de avaliações específicas de adiantamento ou recuperação. Dito isso, é necessário observar que toda essa infinidade de modelos torna

---

1 *O portal do Ministério da Educação (MEC) dispõe dos pareceres e leis complementares específicos à avaliação de rendimento escolar em: BRASIL. Ministério da Educação.* **Avaliação do rendimento escolar.** *Disponível em: <http://portal.mec.gov.br/secretaria-de-regulacao-e-supervisao-da-educacao-superior-seres/323-secretarias-112877938/orgaos-vinculados-82187207/12799-avaliacao-do-rendimento-escolar>. Acesso em: 12 dez. 2023.*

impossível uma padronização de um sistema avaliativo. Em primeiro lugar, porque a própria lei dita às escolas e aos sistemas de ensino o papel de estruturar a avaliação. Tal estrutura é geralmente apresentada pelas escolas à Secretaria de Educação e passa pela aprovação de especialistas. Em segundo lugar, porque não existe um consenso acadêmico ou profissional de um modelo avaliativo uniforme para a História na educação básica. E tampouco se busca essa possibilidade. Aqui, reforçamos a necessidade de o professor conhecer as regras da instituição em que leciona, a fim de ter a posse do conhecimento do que é possível fazer no horizonte prático das avaliações específicas em História.

Em linhas gerais, a lei faz direcionamentos da divisão em séries de ensino – que sofreu alteração em 2006[2], quando a pré-escola passou a fazer parte do ensino fundamental e redefiniu em nove anos as antigas oito séries desse segmento.

> Art. 32. [...]
> § 2º Os estabelecimentos que utilizam progressão regular por série podem adotar no ensino fundamental o regime de progressão continuada, sem prejuízo da avaliação do processo de ensino-aprendizagem, observadas as normas do respectivo sistema de ensino. (Brasil, 1996)

Essa é uma alteração que já está em prática na maioria das escolas do Brasil. Quanto ao ensino médio, as determinações são as seguintes:

> Art. 36. O currículo do ensino médio será composto pela Base Nacional Comum Curricular e por itinerários formativos, que deverão ser organizados

---

[2] Em janeiro de 2006, o Projeto de lei n. 144/2005 alterou a duração mínima de 8 séries para 9 anos no ensino fundamental, com matrícula obrigatória a partir dos 6 anos de idade. Em fevereiro de 2006, o Presidente da República sancionou a Lei n. 11.274, que regulamenta o ensino fundamental de 9 anos.

por meio da oferta de diferentes arranjos curriculares, conforme a relevância para o contexto local e a possibilidade dos sistemas de ensino, a saber: (Redação dada pela Lei nº 13.415, de 2017)

I – linguagens e suas tecnologias;

II – matemática e suas tecnologias;

III – ciências da natureza e suas tecnologias;

IV – ciências humanas e sociais aplicadas;

[...]

§1º A organização das áreas de que trata o caput e das respectivas competências e habilidades será feita de acordo com critérios estabelecidos em cada sistema de ensino.

[...]

§11 Para efeito de cumprimento das exigências curriculares do ensino médio, os sistemas de ensino poderão reconhecer competências e firmar convênios com instituições de educação a distância com notório reconhecimento, mediante as seguintes formas de comprovação:

I – demonstração prática;

II – experiência de trabalho supervisionado ou outra experiência adquirida fora do ambiente escolar;

III – atividades de educação técnica oferecidas em outras instituições de ensino credenciadas;

IV – cursos oferecidos por centros ou programas ocupacionais;

V – estudos realizados em instituições de ensino nacionais ou estrangeiras;

VI – cursos realizados por meio de educação a distância ou educação presencial mediada por tecnologias. (Brasil, 1996)

Assim terminam as orientações da LDB para delimitar a avaliação do rendimento escolar. Embora essas orientações sejam um tanto vagas, isso não significa que o processo seja algo dissonante da prática dos educadores. Na verdade, é um convite para que a avaliação possa ser profundamente explorada pelo professor.

A Lei n. 13.415, de 16 de fevereiro de 2017 (Brasil, 2017), também chamada de *Novo Ensino Médio* ou *Lei de Reforma do Ensino Médio*, instituiu, recentemente, uma nova configuração para essa etapa da educação básica[3]. Acerca da avaliação, a nova lei faz as seguintes determinações:

> *Art. 3º [...]*
>
> *§6º A União estabelecerá os padrões de desempenho esperados para o ensino médio, que serão referência nos processos nacionais de avaliação, a partir da Base Nacional Comum Curricular.*
>
> *§7º Os currículos do ensino médio deverão considerar a formação integral do aluno, de maneira a adotar um trabalho voltado para a construção de seu projeto de vida e para sua formação nos aspectos físicos, cognitivos e socioemocionais.*
>
> *§8º Os conteúdos, as metodologias e as formas de avaliação processual e formativa serão organizados nas redes de ensino por meio de atividades teóricas e práticas, provas orais e escritas, seminários, projetos e atividades on-line, de tal forma que ao final do ensino médio o educando demonstre:*
>
> *I – domínio dos princípios científicos e tecnológicos que presidem a produção moderna;*
>
> *II – conhecimento das formas contemporâneas de linguagem.* (Brasil, 2017)

Na verdade, o art. 3º da Lei do Novo Ensino Médio inclui-se no art. 35 como art. 35-A da LDB (Lei n. 9.394/1996). Embora o processo de finalização da Base Nacional Curricular Comum (BNCC) esteja ainda em definição, ela pode ser consultada e é um importante

---

[3] A Lei do Novo Ensino Médio está disponível em Brasil (2017).

documento para direcionar o trabalho do professor[4]. Com base nessa lei, os sistemas de avaliação terão como baliza a BNCC, e, de uma forma um tanto superficial, verificarão o domínio científico e tecnológico da produção moderna e o conhecimento das formas contemporâneas de linguagem como resultantes do ensino médio.

Como já dito, legislar sobre algo tão complexo como a infinidade de possibilidades de avaliação escolar é um trabalho árido e difícil de ser materializado. Tampouco se espera um sistema de diretrizes determinantes sobre o que fazer e como fazer, pois, certamente, em um cenário assim a profissão do docente corre o risco de ser atada a modelos e moldes que se provariam ultrapassados e ineficientes a cada dia. Ainda assim existe um debate científico e acadêmico sobre o tema, uma vez que há pesquisas na área de avaliação que procuram refinar seus processos e atingir um melhor resultado na plausibilidade e medição de desempenhos[5].

Em contrapartida, cumprir as exigências da lei é algo tão básico que até mesmo uma prova no formato de questionário seria satisfatória para esse cumprimento. A superficialidade necessária da legislação acerca da prática avaliatória dos professores faz com que quase qualquer proposta avaliativa se encaixe nas exigências da lei. Aqui, apelamos à ética dos educadores, para que sejam mais empenhados em possibilitar modelos avaliativos inclusivos e amplos, que possam ir além da determinação da lei, que atendam aos anseios escolares e da comunidade que a cerca, bem como aos seus objetivos como professor de História. Somente assim podemos fazer girar a roda do conhecimento, de tal forma a substituir as fórmulas construídas e

---

4   *A BNCC pode ser acessada em: <http://basenacionalcomum.mec.gov.br/>.*
5   *O debate acerca da avaliação escolar pode ser acompanhado em:* **BRASIL. Ministério da Educação. Conselho Nacional de Educação – CNE.** *Disponível em: <http://portal.mec.gov.br/conselho-nacional-de-educacao>. Acesso em: 12 dez. 2023.*

decoradas por algo mais substancial e significativo na vida dos nossos estudantes.

(4.2)
AVALIAÇÃO ESCOLAR COMO FENÔMENO PEDAGÓGICO: REALIDADES E ORIENTAÇÕES

A avaliação como um fenômeno pedagógico é estudada de forma ampla por inúmeros pesquisadores no Brasil, assim como também se amplia a produção sobre a didática e o ensino de História nos últimos anos. Em ambos os casos, ocorre uma conversão de pensamentos acerca da natureza pedagógica da avaliação. Isso significa que a avaliação é pensada como parte de um processo mais amplo. O desafio consiste em transformar os instrumentos de avaliação em partes integrantes do processo de ensino, e não em momentos colocados à margem de uma prática escolar cotidiana. Ou seja, a prova, o trabalho, a pesquisa, as tarefas para casa devem ser mais do que um complemento do que foi visto em aula – elas devem ser **momentos de aula**. Muito se disse que a prova é também um momento de aprendizagem, e isso é correto, uma vez que nossas avaliações, testes e provas precisam estar inseridos dentro de uma lógica maior: a do nosso próprio plano de ensino.

Para tal, as avaliações de aprendizagem precisam ser compostas durante o processo de planejamento da disciplina. Isso porque o ato de avaliar não deveria estar dissociado de outras práticas, como aulas expositivas, leituras, apresentação de fontes ou construção de conhecimento. A fim de compor uma parte integrante do ato de aprendizagem, que ensine e transmita conhecimentos, a avaliação deve ser pensada dentro do projeto pedagógico da disciplina. Portanto, a ideia é que se reflita sobre os instrumentos de avaliação já no ato de planejamento, antes mesmo de iniciadas as aulas, com tempo suficiente para organizar um cronograma possível e clareza de objetivos para apresentar à orientação pedagógica.

A fim de explorar esses conceitos, apresentaremos modelos de avaliação já existentes e refletiremos acerca de seus usos, bem como da otimização de sua aplicabilidade. Não entenda esses modelos como uma simples orientação. Eles são a partilha de uma prática que tem por objetivo auxiliar você a refletir sobre possibilidades e aplicabilidades dentro da sua realidade.

> O desafio consiste em transformar os instrumentos de avaliação em partes integrantes do processo de ensino, e não em momentos colocados à margem de uma prática escolar cotidiana.

4.2.1 O QUESTIONÁRIO

Durante anos, o uso do **questionário** teve um lugar de destaque em disciplinas descritivas e teóricas, como a História. Tinha-se uma longa lista de perguntas diretas que demandavam respostas concisas e que serviam, sobretudo, a uma lógica de memorizar datas e fatos de forma sistemática:

- Quem descobriu o Brasil?
- Quem foi Mem de Sá?
- Quais capitanias hereditárias deram certo?
- O que foi a Inconfidência Mineira?
- O que foi...?
- Quais foram...?
- Descreva...!
- Responda!
- Cite!

O conteúdo de História aparece repleto de verbos imperativos para o estudante. E durante algum tempo, isso foi tudo que tivemos. Ainda assim, não há como negar que questionários são instrumentos práticos, que facilitam a correção e aparentam uma avaliação eficiente e direta, mas que, na verdade, acabam mascarando as nuances do processo de aprendizado e estabelecendo uma meta irreal sobre o domínio da matéria. O estudante não estuda história, ele a decora, por meio de datas e fatos sem muita importância prática, mas que davam à História um *status* de matéria culta e erudita.

Os estudos acerca do ensino de História na Alemanha do pós-guerra revelaram que os estudantes se interessavam mais pela matemática, devido aos questionamentos e desafios propostos em forma de problemas. E lá fomos nós, historiadores, aprender com os matemáticos que propor desafios e estabelecer rotas de investigação era mais didático do que perguntar até a exaustão sobre pessoas e fatos desconectados da realidade.

Em comum, os questionários apresentam uma estrutura simplista do processo histórico e não estimulam a criatividade ou o debate, porque são feitos de forma fechada, em que cada pergunta tem uma resposta certa e definitiva. Tal característica, por si só, vai contra a natureza das ciências humanas. Ora, sabemos que, nessa área, para cada pergunta não existe uma só resposta certa, mas um cenário de respostas, um horizonte limitado de possibilidades. Ou seja, é preciso compreender que a História pertence ao rol das ciências humanas e que todo esse conjunto dispõe de metodologias mais complexas e profundas que um simples jogo de perguntas e respostas. Em História, não existe apenas uma resposta para cada pergunta, ao contrário, existem inúmeras respostas que, juntas, compõem um horizonte do que é historicamente provável. Assim, estudar a História do Brasil ou da China sem o mínimo de questionamento e debate é superficial e irrelevante.

No entanto, os questionários ainda sobrevivem e, na era digital, muitos estão disponibilizados *on-line,* sendo muitas vezes apresentados ao estudante como um método de estudo eficiente. Na verdade, muitos concursos são baseados em modelos semelhantes e, assim, o questionário mantém seu lugar em nosso mundo, apresentando-se como uma forma de avaliação bem construída e sólida. Uma pena. Recomendamos que você não siga esse caminho. Podemos e devemos fazer mais. Muitas escolas concordam com a prerrogativa do questionário como um modelo seguro, mas essa realidade vem se alterando nos últimos anos. Como já dito, o reducionismo e o simplismo do modelo de questionário apresentam mais perigos e riscos do que vantagens.

Mas é preciso destacar alguns pontos positivos do uso de questionários no ensino de História. Embora, inicialmente, uma simples pergunta posta como desafio ao estudante possa de fato parecer árida e súbita, ela serve muito bem ao processo da escrita da história. Cada estudante precisa elaborar um texto próprio para atender à pergunta, criando uma breve introdução, atendo-se aos pontos que respondem à pergunta inicial, e uma conclusão. Esse simples exercício é fundamental para os estudos da História e incentiva a organização da escrita. Mas, como já dito, esse exercício não se constitui um bom instrumento de avaliação.

Sendo assim, de que forma podemos utilizar o questionário com maior aproveitamento de seus pontos positivos e superação dos negativos? Bom, não existe uma resposta simples, mas uma das formas é transformar um questionário direto e objetivo em um rol de **questões reflexivas**. Ou seja, cada questão deve orientar a uma leitura e, a partir daí, estabelecer as questões em relação ao texto dado. Vejamos alguns exemplos.

Exemplo 1

> Leia os três primeiros parágrafos da página 35 do livro didático e responda:
> 1. Qual é o assunto que o texto aborda?
> 2. Qual é a explicação apresentada?

Essa seria a forma mais simples de utilização do questionário com o intuito de estimular a leitura do material didático e orientar sua interpretação. As questões demandam apenas uma parte superficial do processo de aprendizagem: a interpretação textual. E, como já dito, têm potencial para realização de exercícios nas aulas de História, mas não de avaliação.

A fim de que uma questão seja considerada avaliativa, ela precisa apresentar um grau de reflexão mais profundo, que combine diferentes conceitos na construção de uma resposta. Nesse caso, apresentamos um texto-base para a pergunta. Tal texto deve estar envolvido diretamente com a resposta e orientar o aluno a buscar alternativas para construir sua própria resposta. Veja o próximo exemplo.

Exemplo 2

> Texto-base:
> "Uma idade das trevas? Esses dez séculos constituem uma "idade do meio", situada entre a queda do Império Romano e o início do Renascimento. Antigamente, os historiadores consideravam a Idade Média um período de decadência entre a prestigiosa Antiguidade e o Renascimento, quando os europeus reatam com a civilização antiga, não só nas artes, como na política e até na organização econômica."
> Fonte: CARPENTIER, V. **A Idade Média passo a passo**. São Paulo: Claro Enigma, 2010. p. 6.
>
> Pergunta:
> Você concorda que a Idade Média possa ser realmente chamada de *Idade das Trevas*? Justifique sua resposta.

Observe que o texto e a pergunta tratam exatamente da mesma coisa: o julgamento de que a Idade Média foi, segundo alguns historiadores, um período de trevas na história da humanidade. Da mesma forma, a pergunta solicita uma resposta quase pessoal do aluno, mas ancorada em uma justificativa. Para desenvolver sua resposta, o aluno não encontrará nenhuma resposta direta no texto didático, tornando a reflexão um ato obrigatório para responder à questão. Igualmente, deve-se chamar atenção para a fonte do texto. É preciso que o professor tenha rigor na indicação de bibliografias especializadas e busque, sempre que possível, trazer obras, textos, materiais de inúmeras fontes para os alunos. Essa prática aproxima a ideia de aprendizado da prática da avaliação.

4.2.2 A PROVA

Como já dissemos, a prova é um momento de aprender mais. Esse ponto de vista não é recente e está em acordo com a ideia de uma avaliação formativa, em que o instrumento de avaliação está conectado à pratica diária da sala de aula. Do lado mais radical, a avaliação formativa estabelece que todo momento é útil ao processo avaliativo e que muitas vezes o modelo da prova é atemporal. Uma vez que não interessa o que o aluno sabe antes da prova ou depois dela, mas do que ele sabe naquele momento, descolando a prova da linearidade do processo pedagógico, a avaliação acaba "se constituindo muito mais em um teste do que em uma avaliação" (Luckesi, 1995, p. 46). No entanto, como já dito, os sistemas de ensino seguem caminhos diferentes e mais conservadores. Assim, buscaremos o que é possível de se fazer dentro de uma lógica já consolidada. Nunca é demais repetir: o objetivo deste capítulo é indicar possibilidades dentro da realidade escolar brasileira no momento atual.

E nossa realidade é a de criar avaliações dentro do padrão de uma prova, um teste, que tem data e hora marcada, conteúdo definido, tempo para revisão desse conteúdo, exercícios e tarefas preliminares que contam como treino para o dia da prova. É o modelo hegemônico, aplicado desde os primeiros anos até a pós-graduação. A prova tem um objetivo nítido, bem delineado e aparenta segurança avaliativa, uma vez que sua nota é a base maior que compõe a média escolar dos estudantes. Igualmente, a prova é utilizada amplamente como mecanismo de recuperação de desempenho. Sua nota chega, muitas vezes, a se impor sobre a nota de outros instrumentos de avaliação aferidos ao longo do processo escolar. Comumente, seu peso é maior do que o de trabalhos, projetos ou tarefas escolares. Vivemos, portanto, uma supervalorização da prova.

A prova é, também, facilmente transformada em um processo mecânico de aprendizagem. Com um rol de provas a serem feitas em um calendário disposto ao estudante, muitas vezes desde o início do ano, ela é imutável e incontornável. Aos ausentes, aplica-se uma **prova de segunda chamada** e, àqueles que não alcançarem a média, uma **prova de recuperação.**

Na prova, as questões dividem o peso total em frações, com pesos pequenos e distribuídos pelo critério do professor. Na questão, uma resposta correta recebe um ponto, ao passo que uma resposta parcial recebe alguns décimos a menos. A soma dos décimos e pontos constituem a nota final. Tal nota deve ser superior a uma média, que, na verdade, é um número definido como linha de corte: aqueles que estão acima, aprenderam; os que estão abaixo, não. Bom, não é preciso muito tempo para perceber que, embora funcional, esse processo reproduz a lógica dos questionários e, muitas vezes, está longe de ser um processo avaliativo. Na realidade, os estudos sobre avaliação indicam que a prova comum está longe de ser inocente, porque ela se transforma em um mecanismo de controle e punição, de classificação e listagem dos alunos.

Podemos citar os estudos de Cipriano Luckesi (1995) sobre avaliação compilados no livro *Avaliação da aprendizagem escolar*. Além disso, o laboratório desenvolvido pela Universidade de Campinas (Unicamp) na organização da Olimpíada Nacional de História do Brasil – que, em 2018, está em sua décima edição – tem apontado alternativas aos processos avaliativos no desenvolvimento de questões mais reflexivas e com uso constante de fontes primárias como suporte às questões. Por fim, as pesquisas desenvolvidas na área de educação e ensino de História pela Universidade Federal do Paraná (UFPR) vêm produzindo, nos últimos anos, um bom número de apontamentos e reflexões.

Segundo Luckesi (1998), as provas são mecanismos atemporais, são testes, em que o que interessa é conferir o que o aluno sabe naquele momento, não interessando o que ele sabia antes da prova ou depois – ou seja, ela é uma ruptura no processo linear de aprendizagem e, sobretudo, um instrumento de exclusão. Isso porque, na prática, o que uma prova pode provar é apenas uma pequena faceta de todo processo pedagógico.

Especificamente em História, existem particularidades. Durante algum tempo, as provas de História estavam relacionadas com a capacidade de memorização dos estudantes. Assim, ao longo dos anos 1970 e 1980, foram produzidos instrumentos de avaliação com questões objetivas e respostas concisas. As datas e vultos históricos tiveram, por muito tempo, o principal destaque em nossas avaliações. O importante era saber o que e quando algo teria acontecido e quem estava relacionado a esse acontecimento.

Essa prática era fruto do pensamento positivista e historicista, uma tentativa infrutífera de aproximação entre a história e as ciências exatas, com uma abordagem direta, eficiente e que não deixava espaço para dúvidas. Mas essas práticas eram também fruto do processo histórico que o país viveu antes e durante a ditadura: a unificação da história e da geografia como estudos sociais. Hoje sabemos que isso não é História. E evoluir, adaptar e avançar se faz necessário.

Aos poucos, as provas foram mudando, trazendo comparações entre assuntos distintos, sugerindo temas em comum e identificando a necessidade de tornar mais complexa a avaliação em História. Ao longo dos anos 1990 e 2000, surgiram inúmeras experiências de tentativas de criação de outros modelos de ensino de História e também de avaliações. A ideia de história temática gerou formatos de provas em que as relações de passado e presente eram explicitadas, bem como as relações entre dois tempos passados. Por exemplo: Quais comparações podem ser feitas entre a escravidão no período do império do Brasil e a escravidão durante o Império Romano?

Apesar de esses modelos serem até hoje utilizados, é preciso alertar acerca do anacronismo como um risco muito grande nessa prática. Embora tenham pontos em comum, práticas do passado e de hoje em dia são diferentes, e tais diferenças precisam ser sinalizadas. Elas não são a mesma coisa, e esse caráter deve estar explícito tanto nas aulas quanto na prova.

Como já mencionado, uma prova precisa ser feita durante a preparação das aulas ou ao menos esboçada durante o planejamento. Ela pode se tornar um eficiente sistema avaliativo, isto é, uma ferramenta capaz de gerar um diagnóstico dos pontos consolidados e daqueles que precisam ser melhorados na sala de aula. Dentro das possibilidades de avaliação e da realidade de tempo disponível ao processo, bem como da carga horária da disciplina e do conteúdo a ser vencido, a prova se apresenta como a solução possível. Sua elaboração exige tempo e pesquisa, assim como é importante seu processo de correção e devolutiva.

Na preparação, o primeiro passo é delimitar o conteúdo a ser abrangido pela prova. É comum que o recorte de conteúdos ocorra segundo a lógica do livro didático, indicando certo número de páginas ou capítulos como sendo a matéria da prova. Mas é fundamental que materiais extras e anotações estejam igualmente pontuados, a fim de ampliar e reforçar o trabalho de organização de caderno, feito em sala de aula, bem como as demais atividades. O professor e a escola devem tornar o conteúdo selecionado público e transparente a toda comunidade escolar.

Após a seleção do conteúdo a ser tratado, é preciso refletir sobre o que será avaliado. Pode-se criar uma prova que analise as respostas dos alunos de acordo com a narrativa histórica – isto é, se os alunos são capazes de reproduzir a narrativa da história sobre determinado momento. Nesse caso, suas perguntas estarão na posição de ignorantes que pedem uma explicação.

Exemplo 3

> Pergunta:
> 1. Quais foram os motivos da Conjuração Baiana?

Os alunos precisarão responder reproduzindo a narrativa da história, afirmando as condições da escravidão na Bahia no final do século XVIII. Provavelmente, citarão seus líderes e o descontentamento com o governo da colônia. Talvez indiquem o crescente desejo pela abolição e finalizem com o apoio popular e de quase todos os grupos à rebelião. Ou seja, a resposta do aluno acompanhou a narrativa histórica. Não há aí nenhum grande processo reflexivo, mas uma grande capacidade de síntese e compilação de dados, talvez alguns elementos de interpretação e construção textual, mas nada além disso.

Você pode também criar questões reflexivas acerca das diferentes interpretações feitas do passado, além de criar um espaço para um exercício narrativo próprio, no qual o aluno reflita com base nos seus conhecimentos e construa uma resposta em parte acompanhando a narrativa histórica, mas com espaços suficientes para inserir sua própria narrativa. Vejamos:

Exemplo 4

> Texto-base:
> A sentença final aos acusados de traição pela Conjuração Baiana garantiu que os culpados tivessem seus nomes malditos "até a terceira geração". Seus corpos foram dilacerados e expostos nas ruas de Salvador por cinco dias, até serem recolhidos e sepultados em local desconhecido.
> Pergunta:
> 1. De acordo com seus estudos, explique por que a Coroa Portuguesa tratou a Conjuração Baiana e seus responsáveis dessa forma.

> O conteúdo material da disciplina não pode apenas ser cobrado por uma série de perguntas – ele deve construir com o aluno um diálogo dialético no qual parte desse conteúdo seja reapresentado e provoque uma orientação de resposta.

Esse tipo de questão agrega dados sobre o que foi perguntado de tal forma que algo mais pode ser dito: a violência das execuções está relacionada à natureza da rebelião. O aluno deve responder mencionando os medos da Coroa em relação aos motivos que levaram à rebelião e, assim, construir uma resposta mais profunda e complexa. Ele vai refletir sobre o uso da violência como arma de repressão do pensamento, estabelecendo uma relação entre esse uso e os motivos que levaram os populares a se rebelar contra Portugal na Bahia do século XVIII.

Por fim, as provas também podem trazer questões que façam comparações e estabeleçam relações. Essa última ideia é particularmente frutífera para ilustrar a história como um processo, em que uma coisa afeta e modifica outras na realidade.

Exemplo 5

> Texto-base:
> "A fim de custear as despesas de instalação de obras públicas e do funcionalismo, aumentaram os impostos sobre a exportação do açúcar, tabaco e couros, criando-se ainda uma série de outras tributações que afetavam diretamente as capitanias do norte, que a Corte não hesitava em sobrecarregar com a violência dos recrutamentos e com as contribuições para cobrir as despesas da guerra no reino, na Guiana e no Prata. Para governadores e funcionários das várias capitanias parecia a mesma coisa dirigirem-se para Lisboa ou para o Rio".
> Fonte: DIAS, M. O. L. da S. **A interiorização da metrópole e outros estudos.** Rio de Janeiro: Alameda Casa Editorial, 2009. Prefácio.
>
> Pergunta:
> 1. Com base nesse texto, explique como os gastos com a família portuguesa se relacionam ao movimento da Revolução Pernambucana.

Nessa atividade, apresenta-se um texto-base referente às dívidas geradas pela Coroa Portuguesa durante sua permanência no Brasil e pergunta-se sobre outro processo, a Revolução Pernambucana, que está intimamente ligado aos gastos da Coroa. Assim, a aluno deverá criar um texto relacionando seus conhecimento aos dados apresentados pelo texto.

O que estamos demonstrando é que o conteúdo material da disciplina não pode apenas ser cobrado por uma série de perguntas – ele deve construir com o aluno um diálogo dialético no qual parte desse conteúdo seja reapresentado e provoque uma orientação de resposta. O texto-base deverá conter os elementos iniciais de um processo dialético entre o que se pede e o que o aluno detém de conhecimento sobre o tema. Deve-se, portanto, evitar que o texto base seja desconectado da resposta. Ele deve ter elementos úteis à formação de uma resposta pelo aluno.

Outra possibilidade a ser explorada é a utilização de imagens. No entanto, alguns cuidados são necessários. Assim como o texto, a imagem traz em si um discurso difuso em múltiplas camadas. Superficialmente, vê-se a imagem como ela se apresenta, e partindo de diversos conhecimentos pré-existentes, podemos acessar outros níveis de discursos contidos nela. No entanto, é preciso que seja desenvolvida anteriormente, em exercícios em sala de aula, a habilidade no aluno para que ele seja capaz de acessar esses conhecimentos.

Exemplo 6

Imagem:

Figura 4.1 – *Proclamação da Independência* de François-René Moreaux

MOREAUX, F.-R. **Proclamação da Independência**. 1844. 1 óleo sobre tela: color.; 2,44 × 3,83m. Museu Imperial de Petrópolis, Rio de Janeiro.

> Pergunta:
> 1. Nessa obra, o pintor retrata a Proclamação da Independência do Brasil com o príncipe regente Pedro sobre o cavalo, saudando uma multidão de populares e sendo por ela saudado. De acordo com seus estudos, explique se a cena retratada está ou não de acordo com os relatos históricos acerca da Independência.

Nesse modelo, a imagem está em desacordo com o que sabemos do processo de independência, que foi conduzido pela aristocracia portuguesa e sem a participação popular. O aluno terá que exercitar o olhar crítico sobre a obra e fazer a comparação desta com a narrativa histórica.

Além de questões dissertativas, as provas podem também ser de escolha simples ou de múltipla escolha. Muitas vezes, as escolas de ensino médio criam avaliações desse tipo para estas ficarem mais próximas dos modelos de vestibulares e do Enem (Exame Nacional do Ensino Médio). Em questões assim, o texto-base deve fornecer subsídios para que o aluno chegue à resposta, sem que ela seja dada diretamente no texto.

Exemplo 7

> Texto-base:
> "Com a ascensão de Otávio Augusto, o mundo romano se estendeu pelos dois lados do Mediterrâneo, abrangendo, além da Itália que ficava em seu centro político e geográfico, uma vintena de territórios provinciais, aos quais se juntavam os estados-livres, considerados como parte integrante do Império, apesar da aparência de liberdade que conservavam."
> Fonte: LE ROUX, P. **Império romano**. Porto Alegre: L&PM, 2009. (Coleção L&PM Pocket Encyclopaedia).
>
> Pergunta:
> A que momento da história de Roma esse texto faz referência? (1,0)
> a) Ao fim da monarquia dos Etruscos e a passagem do poder ao Senado, formado exclusivamente por patrícios.

> b) À fundação da República e ao início da expansão territorial romana pela península itálica.
> c) À crise da República e à perda do poder do Senado nas mãos dos generais do exército romano.
> d) Ao início do Império e da continuidade da expansão territorial romana pela Europa, norte da África e Oriente Médio.

Nesse modelo existe uma escolha simples, ou seja, apenas a alternativa D corresponde a uma resposta possível. O aluno deve concentrar sua resposta na capacidade de relacionar o texto-base ao momento específico da história de Roma.

Mas há ainda modelos de múltiplas escolhas.

Exemplo 8

> Pergunta:
> A chegada da família real portuguesa ao Brasil trouxe uma série de mudanças para a colônia. Assinale corretamente a(s) afirmativa(s) que se relacionam à presença da Coroa no Rio de Janeiro.
> Respostas:
> a) Já em Salvador, Dom João proclamou a "abertura dos portos do Brasil às nações amigas", o que significava o fim do monopólio comercial português com a colônia.
> b) O Brasil deixou de ser colônia portuguesa para ser elevado à posição de Reino Unido a Portugal, fato que agradou a elite local.
> c) O Rio de Janeiro já era uma grande cidade na chegada da família real, capaz de hospedar toda corte e estrutura administrativa, sendo poucas as mudanças pelas quais a cidade precisou passar.
> d) A fim de garantir que a elite portuguesa conseguisse educar seus filhos, Dom João VI fundou as primeiras escolas de medicina em Salvador e no Rio de Janeiro.

As alternativas A, B e D estão corretas. Esse tipo de exercício provoca uma maior necessidade de estabelecer diferentes conexões com um tipo da matéria e dissolve o valor da questão em décimos.

(4.3)
O TRABALHO ESCOLAR

Uma das práticas mais disseminadas para avaliação é a realização de trabalhos escolares. Trata-se, geralmente, de uma proposta de pesquisa apresentada pelo professor, baseada em um tema, e do trabalho do aluno de pesquisar diferentes fontes sobre o assunto, compilando suas descobertas em um texto que é entregue para a avaliação.

Nesse tipo de avaliação, mais uma vez, existe o risco da mecanização do processo avaliativo. Isso porque facilmente o trabalho escolar acaba por apenas reproduzir informações dispostas em multimodos, que se transformam em um bloco de texto, muitas vezes copiado integralmente de algum *site* da internet. Basicamente, o aluno compila ou simplesmente copia uma porção de informações, que nem sempre são lidas por ele, e entrega tudo ao professor, assumindo a autoria de tais textos, o que, além de ser desonesto e superficial, é uma prática indicada pelo art. 184 do Código Penal brasileiro como crime de plágio, porque viola o direito do autor ou dos autores reais do texto. Nesse sentido, é fundamental advertir os alunos, de forma antecipada, sobre o plágio e como ele será tratado, caso ocorra durante a realização do trabalho escolar. É um daqueles momentos em que o ensino de História orienta também a vida do cidadão, indicando que o caminho mais fácil pode ser criminoso. Igualmente, é necessário que o professor tenha a clareza de saber e de informar antecipadamente que consequências terá essa prática.

A ideia central da produção de um trabalho escolar é colocar o aluno em contato com a prática da pesquisa, da leitura e da escrita em História. Quando o professor propõe um trabalho sobre Proclamação da República do Brasil, por exemplo, espera-se que os alunos leiam diferentes textos que narram tal episódio, e façam um novo texto narrativo indicando suas interpretações acerca do tema. Aparentemente, o trabalho escolar se encaixa perfeitamente na prática do estudo da História, uma vez que narrativas e textos são a base material do estudo dessa disciplina. Igualmente, um trabalho escolar pode orientar sobre metodologia da pesquisa, tratamento de diferentes fontes, escrita e assim por diante.

Isso significa que não basta ao professor a distribuição dos temas, ele precisa orientar seus alunos sobre como proceder para realizar o trabalho escolar, como relatar as leituras das fontes usadas para o trabalho, como resumir os textos lidos e tentar estabelecer uma relação entre eles por meio de um texto autoral. É uma atividade laboriosa, mas que, uma vez realizada de forma correta, acrescenta muitos conhecimentos aos alunos, além de colocá-los a par de uma das melhores técnicas de estudo em História.

Exemplo 9

> Proposta de execução de trabalho escolar:
> Elementos do trabalho escolar:
> 1. Capa: deve conter o nome do(s) autor(es), o tema escolhido (ou indicado) e demais dados de identificação (escola, ano, turma, data).
> 2. Introdução: apresentação do tema e explicação de sua importância e seu significado para o estudo de História.
> 3. Desenvolvimento: exposição escrita sobre o tema, com base nas fontes pesquisadas.
> 4. Conclusão: fechamento do texto, com opinião do(s) autor(es) acerca da pesquisa e do trabalho realizado.
> 5. Fontes ou bibliografia: lista de livros, materiais e *sites* de internet consultados para realização do trabalho.

Reiteramos que a explicação, por parte do professor, de como fazer o trabalho deve ser clara e amplamente divulgada aos alunos, a fim de não criar dúvidas ou enganos na hora da realização.

Mostramos os modelos mais comuns de avaliação no cotidiano escolar e, certamente, você encontrará algo muito próximo em sua própria experiência. Como já dito, são modelos compartilhados com você com o propósito de fomentar a reflexão sobre o trabalho docente e o desenvolvimento de avaliações mais efetivas, diversas e inclusivas.

(4.4)
Outros modelos de avaliações

O que vimos até agora, como dito, foram as avaliações mais comuns. No entanto, há uma diversidade de modelos, geralmente pouco explorados e que podem agregar outras formas de fazer avaliações. Vamos rapidamente falar sobre alguns deles: o **seminário**, a **avaliação especial** e a **recuperação de rendimento**.

4.4.1 O seminário

A ideia básica de um seminário com os alunos é a distribuição de temas, ou de um tema, seguido de pesquisa, reunião de ideias e um debate com toda a turma. É uma forma pouco utilizada de avaliação, mas que une a prática de construção de conhecimento e o exercício do debate, da pluralidade de ideias e da livre expressão.

Geralmente, seminários ocupam muito tempo e podem ser realizados de inúmeras formas: o professor pode solicitar que toda a turma leia um mesmo texto e escreva notas sobre ele para um debate a ser realizado na próxima aula, por exemplo. Ainda poderia distribuir textos diferentes e realizar o debate. Novamente, é preciso ter o cuidado de orientar os alunos no desenvolvimento das condições de debate. Deve-se estipular o horário do seminário, de que forma ele será feito e como se dará o processo de preparação e pesquisa, que pode seguir o modelo semelhante o de um trabalho de pesquisa escolar.

4.4.2 Avaliações especiais

A cada dia, as escolas recebem uma diversidade crescente de crianças e jovens beneficiados por programas de inclusão. Trata-se de pessoas outrora excluídas do sistema educacional e que receberam amparo legal nas últimas décadas, a fim de conquistarem seu espaço dentro do ambiente escolar. Certamente, na prática ainda estamos engatinhando nesse tema. Existe uma grande resistência por parte até mesmo da comunidade escolar, que muitas vezes não se sente preparada para essa realidade. Por outro lado, vem crescendo o número de estudos, pesquisas e profissionais envolvidos com o tema da inclusão.

Uma coisa é certa: em seu caminho como educador, você encontrará alunos em situação de inclusão, e a avaliação desses alunos precisa atender ao critério de proporcionalidade e de respeito à diversidade. Alguns casos, em que a família conseguiu acesso a profissionais especializados, a existência de laudos ou pareceres técnicos pode e deve orientar o trabalho do professor. Muitas vezes, esses laudos trazem orientações de como proceder no cotidiano escolar, e é um documento importante ao qual o professor deve ter acesso. No entanto, uma boa parte da população brasileira vive uma realidade de precariedades, sem acesso a fonoaudiólogos, tradutores, psicólogos, psiquiatras, terapeutas ocupacionais etc. Assim, é comum recair sobre o professor a escolha e a aplicação de um método de avaliação que atenda às necessidades de cada aluno.

Existem inúmeras formas de se pensar a avaliação de estudantes em situação de inclusão: provas com consulta, provas assistidas, provas orais, mais tempo para realização da prova, professor-leitor, produções orais ou textuais, enfim, cada caso terá suas especificidades e exigirá atenção da escola e da família e diálogo entre essas partes. Saiba que, como professor, você está plenamente habilitado a propor um método de avaliação inclusivo e discutir com a orientação pedagógica as possibilidades de sua realização.

4.4.3 A RECUPERAÇÃO DE RENDIMENTO

A utilização de um sistema numérico e classificatório de notas gera, inevitavelmente, um grupo de excluídos pela avaliação: aqueles que não atingiram a média, que por um ou outro motivo "não aprenderam" ou "não sabem". Esse grupo era, segundo um entendimento pedagógico ultrapassado, condenado à reprovação. No entanto, hoje temos uma percepção diferenciada sobre esse sistema. A recuperação deve acompanhar o processo pedagógico e, portanto, acompanhar inclusive as avaliações. Na prática, ela acaba se estabelecendo como uma nova prova, um novo teste, mas, o que buscamos são modelos de recuperação que capacitem o aluno de baixo rendimento a rever sua forma de organização de estudo, a buscar alternativas para suas respostas e para uma melhoria em seu próprio desempenho. Ou seja, embora a maioria das escolas trabalhe com a lógica da prova, você pode sugerir que trabalhos, reescritas e reanálises sejam feitos. Como o objetivo de toda educação é conseguir a aprovação de seus alunos, é importante que você dedique carinho especial a esse processo, para que de fato possibilite uma nova oportunidade de aprendizado a cada estudante.

(4.5)
Correção e devolutiva

A correção de provas, trabalhos e demais instrumentos de avaliação deve ser transparente, constituindo também em um momento de revisão do processo em si. No caso de provas, após a correção feita pelo professor, faz-se a devolutiva aos alunos, em que as questões devem ser lidas e o professor deve apresentar as respostas informando que pontos foram avaliados de cada questão. Igualmente, o professor deve abrir um canal de diálogo com os alunos, para que eles, de forma espontânea ou por escrito, encaminhem reconsiderações e questionamentos sobre a avaliação feita.

    Embora a devolutiva tome tempo de nossa preciosa carga horária, ela é muito importante para que a prova não se mecanize perante a prática docente. A devolutiva deve responder a todos os questionamentos dos alunos, orientar aqueles que não atingiram a média desejada e relacionar o instrumento avaliativo ao dia a dia da sala de aula. Sempre que possível, o professor pode fazer referência ao material didático, às tarefas de aula e ao que foi dito durante as aulas expositivas, a fim de demonstrar o encadeamento do processo. Quanto aos trabalhos, o ideal é que, ao final da leitura do texto, o professor emita um parecer indicando os pontos fortes e as falhas, orientando a correção e atribuindo uma nota em conformidade com seu parecer. O aluno deve entender como ocorreu a elaboração dessa nota, e na tentativa de deixar os critérios avaliativos claros, muitos professores adotam uma lógica sistemática, distribuindo pontos de acordo com itens previamente divulgados. Veja um exemplo da descrição dos critérios avaliativos de um trabalho escolar:

Exemplo 10

> Grade de avaliação:
> A avaliação deste trabalho ocorrerá com base nos seguintes itens:
> 1. Conformidade entre o texto apresentado e o tema proposto: 1 ponto.
> 2. Apresentação de diferentes fontes de pesquisa: 1 ponto.
> 3. Argumentação e qualidade do texto escrito: 2 pontos.
> 4. Citação de fontes de pesquisa: 1 ponto.
>   Total: 5 pontos.

Dessa forma, é possível tornar o processo de correção mais simples e fugir das armadilhas da subjetividade. Assim também é possível inferir diretamente os pontos mais fortes e os mais fracos do trabalho apresentado. Mas lembre-se que os critérios de avaliação devem ser apresentados previamente aos alunos, a fim tornar a avaliação o mais transparente possível.

O que não pode ocorrer é o professor não ter clareza dos objetivos do trabalho e, assim, se perder no processo avaliativo, acabando por usar diferentes critérios para atribuição de notas. Embora a realidade dos alunos seja absolutamente diversa, e muitas vezes de tal forma que exigem um processo avaliativo diferenciado, as avaliações gerais devem atender a uma ordem comum e clara.

(4.6)
O USO DE FONTES E BIBLIOGRAFIA

Jörn Rüsen (2010) indica que a História acadêmica, aquela das universidades e da pesquisa, foi por muito tempo colocada em um local afastado da História da sala de aula, aquela das escolas. Segundo ele, o pensamento predominante diz que a História "é uma disciplina que faz a mediação entre a história como disciplina acadêmica e o aprendizado histórico e a educação escolar", no entanto, segundo o autor, "essa opinião é extremamente enganosa" (Rüsen, 2010, p. 23).

Os professores de História têm um compromisso moral de se manterem atualizados acerca das pesquisas acadêmicas e, igualmente, instigar seus alunos a partilharem da mesma curiosidade científica que move os pesquisadores. Portanto, a avaliação é também um espaço de partilha desses campos e onde a bibliografia deve aparecer como referência ao conhecimento construído em sala de aula.

Além da bibliografia especializada, a avaliação deve colocar o aluno em contato com fontes históricas de diferentes tipos, questionar o que as fontes revelam e como revelam. Assim, um ponto importante da construção de instrumentos de avaliação é a busca pelo uso de fontes históricas. Fontes primárias como imagens, pinturas, fotografias, textos de jornais e entrevistas transcritas podem e devem compor o dia a dia da sala de aula, assim como dos instrumentos de avaliação.

Recentemente, temos a Olimpíada Nacional de História do Brasil, organizada pela Unicamp, em Campinas, e que anualmente conta com a participação de milhares de estudantes de todo país[6]. O modelo escolhido é bastante interessante porque as reflexões e perguntas partem sempre de um ou mais documentos históricos e compõem uma questão de escolha simples. O que se busca é que o aluno estabeleça conexões entre o conteúdo estudado e a fonte apresentada.

Atualmente, o uso da tecnologia de manipulação de imagens e textos, bem como de impressão e reprodução, apresenta-se como um facilitador do trabalho do professor. Embora seja esperado do docente um conhecimento de *softwares* que possam alterar, recortar, digitalizar e diagramar textos e imagens, a realidade é que tal conhecimento

---

6 *As provas de todas as edições da olimpíada estão disponíveis no link:* <https://www.olimpiadadehistoria.com.br/>.

ainda está restrito. O computador certamente é um aliado do professor em todos os procedimentos pedagógicos, pois é o suporte de ferramentas como apresentações, *blogs*, *sites*, visitas virtuais, vídeos, músicas, reportagens e até mesmo obras completas, que podem ser usados em sua prática docente. Daí a necessidade de os professores dominarem cada vez mais as possibilidades do uso do computador. Todas essas ferramentas auxiliam o processo de construção de aulas, bem como de materiais para os alunos. Assim, uma das necessidades mais crescentes em nossa área é de mão de obra capacitada também no domínio dessas ferramentas.

O lado bom dessa exigência é que se trata de uma oportunidade para os professores explorarem as mais diferentes relações entre mídias e História. Portanto, procure, arrisque, utilize diferentes suportes ou meios para estabelecer conexões: história em quadrinhos, literatura, música, filmes, entrevistas, comentários políticos, mapas interativos, *sites*, obras de arte, entre outros.

Ao longo deste capítulo, apresentamos uma série de ideias acerca do processo avaliativo. Expusemos os problemas e os perigos da mecanização ou da padronização excessiva da avaliação. Exortamos você a fazer mais e melhor pela profissão de educador diante de tantas facilidades disponibilizadas pela tecnologia ou pelos sistemas de educação hegemônicos. Esperamos que este capítulo leve à **reflexão** e à **ação**. Isso porque essas duas atitudes são a base do bom magistério. Uma reflexão que nunca está acabada, que questiona constantemente os métodos, as práticas, o fazer no dia a dia e uma ação que nunca se cansa, que muda e oferece novos caminhos. A realidade do professor de História é repleta de desafios que exigirão muitos momentos dedicados à leitura, à sua própria avaliação profissional e ao cumprimento de prazos, regras e regulamentos. Se esse foi o caminho que você escolheu, enfrente esses desafios de peito aberto, sem temer. O estudo, a ciência, a prática e a perseverança farão você melhor a cada dia. E, com o tempo, você aprenderá a reconhecer, por meio do olhar, quando um aluno compreendeu aquilo que estava traçado como objetivo em sua aula, quando uma parte pequena da nossa história faz toda diferença na vida de um jovem. E isso será inesquecível!

Síntese

Neste capítulo, apresentamos os principais dispositivos legais sobre avaliação escolar. Estudamos também uma série de práticas e reflexões sobre como as formas de avaliação se relacionam especificamente com o ensino da História. Propusemos uma discussão, que deve ser perpetuada e frequentemente abordada, sobre a prática cotidiana dos professores de História em seus procedimentos avaliativos. A verdade é que não existem fórmulas prontas para avaliar o aprendizado histórico, mas existem apontamentos e reflexões preciosas que guiam para um caminho do que fazer e sobretudo do que não deve ser feito. Nesse sentido, foram apresentados exemplos e modelos, bem como direcionamentos que julgamos pertinentes ao tema.

Atividades de autoavaliação

1. A ideia de avaliação dos conhecimentos de História no ambiente escolar está conectada, sobretudo:
    a) à necessidade de obtenção de provas e comprovações materiais de desempenho estudantil.
    b) à lógica moderna de classificação de indivíduos dentro de uma estrutura decrescente e excludente.
    c) ao processo natural de classificação e eliminação de indivíduos conforme suas habilidades.

d) à orientação legal da Justiça brasileira que determina a execução de provas e testes.
e) à responsabilidade individual de cada professor em produzir bons resultados tendo em vista os desafios dos vestibulares.

2. Assinale a alternativa que melhor explica o fenômeno da judicialização do ensino:
   a) Refere-se à necessidade de ensino cívico e das leis do país em meio aos conteúdos da disciplina de História aos alunos.
   b) Diz respeito à orientação legal de acompanhamento das leis do país e de sua publicização dentro do ambiente escolar mediante cartilhas explicativas e aulas temáticas.
   c) É um acontecimento raro que implica a escola buscar a presença de órgão da justiça a fim de garantir seu funcionamento em áreas de risco.
   d) Trata-se da prática crescente de partes da comunidade escolar em procurar instâncias jurídicas para questionar ou fazer valer suposto direito no ambiente escolar.
   e) Constitui uma matéria teórica com conhecimentos específicos jurídicos e que não pode ser conhecida pelos professores dada sua especificidade.

3. Observe o trecho a seguir, referente à LDB:

   V – a verificação do rendimento escolar observará os seguintes critérios:
   a) avaliação contínua e cumulativa do desempenho do aluno, com prevalência dos aspectos qualitativos sobre os quantitativos e dos resultados ao longo do período sobre os de eventuais provas finais;
   b) possibilidade de aceleração de estudos para alunos com atraso escolar;

c) *possibilidade de avanço nos cursos e nas séries mediante verificação do aprendizado;*
d) *aproveitamento de estudos concluídos com êxito;*
e) *obrigatoriedade de estudos de recuperação, de preferência paralelos ao período letivo, para os casos de baixo rendimento escolar, a serem disciplinados pelas instituições de ensino em seus regimentos.* (Brasil, 1996)

Esse trecho explicita que a LDB:

a) proíbe o avanço de alunos com a eliminação de etapas do processo educacional.
b) regula o processo de recuperação de alunos que não atingiram a média mediante a realização obrigatória de provas.
c) repassa a cada escola e a seus regimentos internos a regulação dos processos de recuperação de rendimento escolar.
d) assume a necessidade de reprovação em casos de baixo desenvolvimento acadêmico e cognitivo dos alunos.
e) desestimula a reprovação com base no princípio de equidade entre todos os alunos.

4. A fim de estabelecer um processo avaliativo mais justo e nítido o professor deve:
    a) explicitar aos seus alunos os critérios de avaliação e afastar a intervenção subjetiva no processo.
    b) esconder as reais formas de avaliação e distribuir notas de acordo com critérios exclusivamente subjetivos.
    c) indicar as respostas em um texto prévio e não revelar o peso de cada questão a fim de estimular que o aluno realize todas com igual empenho.

d) avaliar o desempenho coletivo da turma em detrimento da evolução pessoal do estudante.

e) dedicar-se em apontar os erros gramaticais nas produções textuais, bem como o uso correto da língua portuguesa.

5. O uso de questionários no ensino de História é uma realidade ainda presente em nossas escolas; no entanto, tal metodologia apresenta algumas desvantagens. Assinale a principal característica **negativa** do uso dos questionários:

a) Questionários costumam quantificar a nota e o esforço do aluno.

b) O uso de questionários é reprovado pela comunidade escolar.

c) As respostas de questionários são trabalhosas e geralmente exigem muito conhecimento do estudante.

d) O uso de questionários não se adapta a todos os conteúdos de História.

e) Questionários costumam carregar uma avaliação superficial e pouco reflexiva.

Atividades de aprendizagem

Questões para reflexão

1. Criar questões de História é um trabalho por vezes demorado e complexo. Esta questão levará você a experimentar essa prática. Selecione uma fonte escrita da bibliografia específica de História e construa três questões relacionadas ao texto selecionado. As questões devem propor respostas reflexivas relativas ao conteúdo envolvido. Por fim, indique os conteúdos

que você acredita poder trabalhar com tal trecho e as respostas para suas questões.

2. Selecione duas fontes diferentes (textos ou imagens) e crie questões que estabeleçam relações entre esses dois documentos e com o conteúdo de História.

Atividade aplicada: prática

1. Leia o texto a seguir e elabore duas questões relacionadas ao tema e ao conteúdo da fonte apresentada.

> "Entre fins de Setembro e Outubro de 1821, novas medidas tomadas pelas Cortes fortaleceram no Brasil, a opção pela independência, até aí apenas esboçada. Decidiu-se transferir para Lisboa as principais repartições instaladas no Brasil por Dom João VI, destacaram-se novos contingentes de tropas para o Rio de Janeiro e Pernambuco e, ponto decisivo, determinou-se a volta para Portugal do Príncipe Regente". (Fausto, 2004, p. 132)

Considerações finais

Esta obra foi pensada com o propósito de discutir o cotidiano do professor de História e, por isso, nada mais pertinente do que elencarmos os principais temas relacionados à prática de ensino e aprendizagem em História.

Elaboramos esta obra com base no permanente questionamentos da teoria e do método que embasam a historiografia estudada e com a consciência de que não só a história se constitui como um saber em permanente construção, mas assim também ocorre com a prática diária do ensino de História. Por isso, mais do que soluções, esta obra pretendeu oferecer subsídios para que os futuros professores possam construir o seu caminho com a clareza de que, como educadores, sua busca pela aula, pelo método, por avaliações e por planos ideais é um fazer diário, e que ao longo dos anos esse ofício será constantemente reinventado.

Uma boa aula é fruto de um processo, que começa com o planejamento anual ou semestral, "toma corpo" com o plano de aula e se concretiza em sala de aula. Nessa dinâmica, buscamos construir uma proposta de ensino e de temas que façam sentido para o aluno, de modo que ele seja o protagonista, promovendo aprendizagens e provocando a percepção de que somos sujeitos históricos e a compreensão de que a história está acontecendo no tempo presente. E por falar em tempo presente, vimos que novas metodologias de ensino estão finalmente alcançando um lugar nas salas de aula dos ensinos fundamental e médio. Experimentar, testar, estudar novas possibilidades e se organizar é o caminho para iniciar uma bela carreira na licenciatura em História.

Vimos também que o uso de fontes primárias e secundárias requer critério de escolha com base em objetivos definidos sobre o que se pretende ao utilizá-las e sobre quais habilidades buscamos desenvolver no aluno com esse uso. E, fundamentalmente, é preciso ter em mente que, muitas vezes, ao analisarmos documentos, precisamos desconstruir aquilo que eles dizem para que o aluno possa, assim, construir conhecimento.

Sobre o uso de tecnologias em sala de aula, vimos que não é mais possível ignorá-las. No entanto, como educadores, devemos buscar desenvolver em nós mesmos e em nossos alunos uma cultura digital mais crítica e eficiente, que nos leve a utilizar a tecnologia de forma produtiva no processo de construção de conhecimentos.

Encerramos estas considerações lembrando que a avaliação também é um processo. Portanto, a mecanização do ato de avaliar constitui muitas vezes um perigo. Buscar distintas formas de verificar se nossas aulas estão sendo capazes de suscitar a aprendizagem é uma tarefa necessária, porque, no fundo, o desempenho dos alunos muitas vezes espelha as aulas que oferecemos a eles, os meios de aprendizagem que escolhemos e o tipo de relação que estabelecemos com eles.

Ensinar História é um bom desafio. Tornar-se professor é um ato de comprometimento e de entrega. Esperamos ter colaborado para esse início de ofício e encorajado futuros professores a buscar cada vez mais conhecimento sobre História, sobre o ensino dessa disciplina e sobre a escolha de se colocar no mundo como professor. Nos encontramos nas salas de aula da vida. Até breve!

Referências

ABEM – Associação Brasileira de Educação Montessoriana. Disponível em: <http://www.montessoribrasil.com.br/#!0>. Acesso em: 24 maio 2018.

ABUD, K. M.; SILVA, A. C. de M.; ALVES, R. C. **Ensino de história**. São Paulo: Cengage Learning, 2010. (Coleção Ideias em Ação).

AGUIAR, M. A. da S.; SILVA, A. M. M. (Org.). **Retrato da Escola no Brasil**. Brasília: CNTE, 2004.

ALBERTI, V.; PEREIRA, A. A. Possibilidades das fontes orais: um exemplo de pesquisa. **Anos 90**, Porto Alegre, v. 15, n. 28, p. 73-98, dez. 2008. Disponível em: <http://seer.ufrgs.br/index.php/anos90/article/view/7959/4748>. Acesso em: 1º jun. 2018.

ALBUQUERQUE, M. B. M.; KLEIN, L. E. Pensando a fotografia como fonte histórica. **Cadernos de Saúde Pública**, Rio de Janeiro, v. 3, n. 3, p. 297-305, jul./set. 1987. Disponível em: <http://www.scielo.br/pdf/csp/v3n3/v3n3a08.pdf>. Acesso em: 1º jun. 2018.

ADORNO, T. O fetichismo na música e a regressão da audição. In: ADORNO, T. **Textos escolhidos**. São Paulo: Nova Cultural, 1996. (Coleção Os Pensadores). p. 65-108.

AZEVEDO, J. M. L. de. **O projeto político-pedagógico no contexto da gestão escolar**. 2004. Disponível em: <http://escoladegestores.mec.gov.br/site/6-sala_topicos_especiais_pne/textos_links/janete_azevedo.pdf>. Acesso em: 24 maio 2018.

BARBOSA, C. A. S. História visual: um balanço introdutório. **Cadernos de Seminário Cultura e Políticas nas Américas**, v. 1, p. 66-71, 2009.

BARBOSA, E. F.; MOURA, D. G. de. Metodologias ativas de aprendizagem na educação profissional e tecnológica. **Boletim Técnico do Senac**, Rio de Janeiro, v. 39, n. 2, p. 48-67, maio/ago. 2013. Disponível em: <http://www.bts.senac.br/index.php/bts/article/view/349/333>. Acesso em: 1º jun. 2018.

BAUDRILLARD, J. **Simulacros e simulação**. Tradução de Maria João Costa Pereira. Lisboa: Relógio D'Água, 1981.

BENJAMIN, W. **Sobre arte, técnica, linguagem e política**. Lisboa: Relógio D'Água, 1992.

BERBEL, N. A. N. As metodologias ativas e a promoção da autonomia de estudantes. **Semina**, Londrina, v. 32, n. 1, p. 25-40, jan./jun. 2011. Disponível em: <http://www.uel.br/revistas/uel/index.php/seminasoc/article/view/10326/10999>. Acesso em: 1º jun. 2018.

BERGAN, R. **Guia ilustrado Zahar cinema**. Rio de Janeiro: J. Zahar, 2007.

BERNADET, J.-C. **O que é o cinema**. 14. ed. Rio de Janeiro: Brasiliense, 2000.

BITTENCOURT, C. M. F. **Ensino de história**: fundamentos e métodos. 4. ed. São Paulo: Cortez, 2011.

BOBBIO, N.; MATTEUCCI, N.; PASQUINO, G. **Dicionário de política**. Tradução de Carmen C. Varriale et al. Brasília: UnB, 1998.

BORDENAVE, J. D.; PEREIRA, A. M. **Estratégias de ensino-aprendizagem**. 4. ed. Petrópolis: Vozes, 1982.

BORDWELL, D. O cinema clássico hollywoodiano: normas e princípios narrativos. In: RAMOS, F. P. (Org.). **Teoria contemporânea do cinema**: documentário e narratividade ficcional. São Paulo: Senac, 2004. p. 277-301.

BORGES, V. P. Grandezas e misérias da biografia. PINSKY, C. B. (Org.). **Fontes históricas**. São Paulo: Contexto, 2006. p. 203-234.

BOSI, E. **Memória e sociedade**: lembranças de velhos. 9. ed. São Paulo: Companhia das Letras, 2001.

BOURDIEU, P. A ilusão biográfica. In: FERREIRA, M. de M.; AMADO, J. (Org.). **Usos e abusos da história oral**. 8. ed. Rio de Janeiro: FGV, 2006. p. 183-192.

BOWEN, R. S. **Understanding by Design**. Vanderbilt University Center for Teaching. 2017. Disponível em: <https://cft.vanderbilt.edu/understanding-by-design/>. Acesso em: 24 maio 2018.

BRASIL. Lei n. 9.394, de 20 de dezembro de 1996. **Diário Oficial da União**, Poder Legislativo, Brasília, DF, 23 dez. 1996. Disponível em: <http://www.planalto.gov.br/ccivil_03/Leis/L9394.htm>. Acesso em: 24 maio 2018.

BRASIL. Lei n. 13.415, de 16 de fevereiro de 2017. **Diário Oficial da União**, Poder Legislativo, Brasília, DF, 17 fev. 2017. Disponível em: <http://www.planalto.gov.br/ccivil_03/_ato2015-2018/2017/lei/L13415.htm>. Acesso em: 24 maio 2018.

BRASIL. Ministério da Educação. Conselho Nacional de Educação. **Apresentação**. Disponível em: <http://portal.mec.gov.br/conselho-nacional-de-educacao>. Acesso em: 1º jun. 2018a.

BRASIL. Ministério da Educação. Secretaria de Educação Básica. **Base Nacional Comum Curricular**: educação é a base – educação infantil e ensino fundamental. Disponível em: <http://basenacionalcomum.mec.gov.br/wp-content/uploads/2018/04/BNCC_19mar2018_versaofinal.pdf>. Acesso em: 1º jun. 2018b.

BRASIL. Ministério da Educação. Secretaria de Educação Básica. **Base Nacional Comum Curricular**: educação é a base – ensino médio. Disponível em: <http://basenacionalcomum.mec.gov.br/wp-content/uploads/2018/04/BNCC_EnsinoMedio_embaixa_site.pdf>. Acesso em: 1º jun. 2018c.

BRASIL. Ministério da Educação. Secretaria de Educação Básica. Base Nacional Comum Curricular: educação é a base. **Dia D**: Dia nacional de discussão sobre a BNCC. Disponível em: <http://basenacionalcomum.mec.gov.br/wp-content/uploads/2018/03/3-apresentacao.pdf>. Acesso em: 1º jun. 2018d.

BRASIL. Ministério da Educação. Secretaria de Educação Básica. Base Nacional Comum Curricular: educação é a base. **Perguntas frequentes**. Disponível em: <http://movimentopelabase.org.br/wp-content/uploads/2017/04/anexo4_guia-BNC_FAQ.pdf>. Acesso em: 1º jun. 2018e.

BRASIL. Ministério da Educação. Secretaria de Educação Continuada, Alfabetização e Diversidade. **Trabalhando com a Educação de Jovens e Adultos**: avaliação e planejamento. Brasília: MEC, 2006. Disponível em: <http://portal.mec.gov.br/secad/arquivos/pdf/eja_caderno4.pdf>. Acesso em: 1º jun. 2018.

CACCIA-BAVA, A.; PÀMPOLS, C. F.; GONZÁLES CANGAS, Y. (Org.). **Jovens na América Latina**. São Paulo: Escrituras, 2004.

CARTA CAPITAL. **Senado aprova impeachment e destitui Dilma.** Política, 31 ago. 2016. Disponível em: <https://www.cartacapital.com.br/politica/senado-aprova-impeachment-e-afasta-dilma-definitivamente>. Acesso em: 24 maio 2018.

CHRISPINO, A.; CHRISPINO, R. S. P. A judicialização das relações escolares e a responsabilidade civil dos educadores. **Revista Ensaio: Avaliação e Políticas Públicas em Educação**, Rio de Janeiro, v. 16, n. 58, p. 9-30, jan./mar. 2008. Disponível em: <http://www.scielo.br/pdf/ensaio/v16n58/a02v1658.pdf>. Acesso em: 1º jun. 2018.

CURITIBA. **Espaços culturais.** Disponível em: <http://www.fundacaoculturaldecuritiba.com.br/espacos-culturais/casa-da-memoria>. Acesso em: 1º jun. 2018.

DARNTON, R. **Poesia e polícia**: redes de comunicação na Paris do século XVIII. São Paulo: Companhia das Letras, 2014.

DEBORD, G. **Sociedade do espetáculo.** Rio de Janeiro: Contraponto, 2007.

DOSSE, F. **O desafio biográfico**: escrever uma vida. Tradução de Gilson César Cardoso de Souza. São Paulo: Edusp, 2009.

FAUSTO, B. **História do Brasil.** São Paulo: Edusp, 2004.

FERRARI, M. Maria Montessori, a médica que valorizou o aluno. **Nova Escola**, 1º out. 2008. Disponível em: <https://novaescola.org.br/conteudo/459/medica-valorizou-aluno>. Acesso em: 24 maio 2018.

FERRO, M. O filme: uma contra-análise da sociedade? In: FERRO, M. **Cinema e história.** Tradução de Flávia Nascimento. 2. ed. São Paulo: Paz e Terra, 2010. p. 22-47.

FGV – Fundação Getulio Vargas. **CPDOC.** Disponível em: <http://cpdoc.fgv.br>. Acesso em: 24 maio 2018.

FITZSIMONS, M. Engaging Students' Learning Through Active Learning. **Irish Journal of Academic Practice**, v. 3, n. 1, article 13, 2014. Disponível em: <http://arrow.dit.ie/ijap/vol3/iss1/13>. Acesso em: 24 maio 2018.

FREIRE, P. **A educação na cidade**. São Paulo: Cortez, 1991.

FREIRE, P.; GUIMARÃES, S. **Educar com a mídia**: novos diálogos sobre educação. São Paulo: Paz e Terra, 2011.

FUSARI, J. C. A construção da proposta educacional e do trabalho coletivo na unidade escolar. In: BORGES, A. S. et al. (Org.). **A autonomia e a qualidade do ensino na escola pública**. São Paulo: FDE, 1993. (Série Ideias, n. 16). p. 69-77. Disponível em: <http://www.crmariocovas.sp.gov.br/pdf/ideias_16_p069-077_c.pdf>. Acesso em: 1º jun. 2018.

G1. **Lei que proíbe uso de celulares nas escolas públicas do AC é sancionada**. 30 dez. 2015. Disponível em: <http://g1.globo.com/ac/acre/noticia/2015/12/lei-que-proibe-uso-de-celulares-nas-escolas-publicas-do-ac-e-sancionada.html>. Acesso em: 24 maio 2018.

GOMES, A. de C. Nas malhas do feitiço: o historiador e os encantos dos arquivos privados. **Revista Estudos Históricos**, Rio de Janeiro, v. 11, n. 21, p. 121-127, jul. 1998. Disponível em: <http://bibliotecadigital.fgv.br/ojs/index.php/reh/article/view/2069>. Acesso em: 1º jun. 2018.

GRUBER, H. E.; VONÈCHE, J. (Ed.). **The Essential Piaget**: an Interpretive Reference and Guide. London: Routledge e Kegan Paul, 1977.

HELENE, D. V. **A História, seu ensino e sua aprendizagem**: conhecimentos prévios e o pensar historicamente. 324 f. Tese (Doutorado em História) – Universidade de São Paulo, São Paulo, 2016. Disponível em: <http://www.teses.usp.br/teses/disponiveis/8/8138/tde-09082016-102112/pt-br.php>. Acesso em: 1º jun. 2018.

HOBSBAWM, E. O que a história tem a dizer-nos sobre a sociedade contemporânea. In: HOBSBAWM, E. **Sobre história**. Tradução de Cid Knipel Moreira. São Paulo: Companhia das Letras, 1998.

HOBSBAWM, E. O ressurgimento da narrativa: alguns comentários. **Revista de História**, Campinas, n. 2/3, 1991.

HUNG, W.; JONASSEN, D. H.; LIU, R. Problem-Based Learning. In: SPECTOR, J. M. et al. (Ed.). **Handbook of Research on Educational Communications and Technology**. 3. ed. New York: Lawrence Erlbaum Associates, 2008. p. 485-506.

KELLNER, D. **A cultura da mídia**: estudos culturais – identidade e política entre o moderno e o pós-moderno. Tradução de Ivone Castilho Benedetti. Bauru: Edusc, 2001.

LADURIE, E. L. R. O historiador e o computador. In: NOVAIS, F. A.; SILVA, R. F. da (Org.). **Nova história em perspectiva**. São Paulo: Cosac Naify, 2011. v. 1. p. 206-210.

LEÃO, G. B.; RODRIGUES, P. J. Revisitando Rugendas e Debret. In: ENCONTRO REGIONAL DA ANPUH, 18., 2012, Mariana. **Anais...** Mariana: Anpuh, 2012. Disponível em: <http://www.encontro2012.mg.anpuh.org/resources/anais/24/1340761579_ARQUIVO_RedescobrindoRugendaseDebret.pdf>. Acesso em: 24 maio 2018.

LE GOFF, J. **A história nova**. Tradução de Eduardo Brandão. 5. ed. São Paulo: M. Fontes, 2005.

LE GOFF, J. **São Luís**. Tradução de Marcos de Castro. 3. ed. Rio de Janeiro: Record, 2002.

LEVILLAIN, P. Os protagonistas: da biografia. In: RÉMOND, R. (Org.). **Por uma história política**. Tradução de Dora Rocha. 2. ed. Rio de Janeiro: FGV, 2003. p. 141-184.

LUCA, T. R. de. História dos, nos e por meio dos periódicos. In: PINSKY, C. B. (Org.). **Fontes históricas**. 2. ed. São Paulo: Contexto, 2006. p. 111-154.

LUCKESI, C. C. **Avaliação da aprendizagem escolar**: estudos e proposições. 2. ed. São Paulo: Cortez, 1995.

LUCKESI, C. C. **Verificação ou avaliação**: o que pratica a escola? São Paulo: FDE, 1998. (Série Ideias, n. 8). p. 71-80.

MACEDO, R. G.; CASTILHO, A. de. Cibercultura em um contexto de convergência tecnológica: ensino e interatividade na velocidade do conhecimento. In: SOUZA, R. M. V. de; MELO, J. M. de; MORAIS, O. J. de. (Org.). **Teorias da comunicação**: correntes de pensamento e metodologias de ensino. São Paulo: Intercom, 2014. (Coleção GPs: Grupos de Pesquisa, v. 14). p. 482-502.

MARSON, M. I. **O cinema da retomada**: Estado e cinema no Brasil – da dissolução da Embrafilme à criação da Ancine. 198 f. Dissertação (Mestrado em Sociologia) – Universidade Estadual de Campinas, Campinas, 2006. Disponível em: <https://www.ancine.gov.br/media/SAM/2008/teses_monografias/MarsonMelinaCinema.pdf>. Acesso em: 1º jun. 2018.

MAYORGA, C.; CASTRO, L. R. de; PRADO, M. A. M. (Org.). **Juventude e a experiência da política no contemporâneo**. Rio de Janeiro: Contra Capa, 2012.

MCTIGHE, J.; THOMAS, R. S. Backward Design for Forward Action. **Educational Leadership**, v. 60, n. 5, p. 52-55, Feb. 2003. Disponível em: <http://www.ascd.org/publications/educational-leadership/feb03/vol60/num05/Backward-Design-for-Forward-Action.aspx>. Acesso em: 23 maio 2018.

MORÁN, J. Mudando a educação com metodologias ativas. In: SOUZA, C. A. de; MORALES, O. E. T. (Org.). **Convergências midiáticas, educação e cidadania**: aproximações jovens. Ponta Grossa: Foca Foto-Proex/UEPG, 2015. (Coleção Mídias Contemporâneas, v. 2). Disponível em: <http://rh.unis.edu.br/wp-content/uploads/sites/67/2016/06/Mudando-a-Educacao-com-Metodologias-Ativas.pdf>. Acesso em: 24 maio 2018.

MORIN, E. **La vía para el futuro de la humanidad**. Barcelona: Paidós, 2011.

MORIN, E. **Os sete saberes necessários à educação do futuro**. 2. ed. São Paulo: Cortez; Brasília: Unesco, 2000.

NAPOLITANO, M. **Como usar o cinema na sala de aula**. 5. ed. São Paulo: Contexto, 2013.

NOGUEIRA, D. Celular é usado como recurso pedagógico em sala de aula. **Correio de Uberlândia**, 28 set. 2014. Disponível em: <http://www.correiodeuberlandia.com.br/cidade-e-regiao/celular-e-usado-como-recurso-pedagogico/>. Acesso em: 24 maio 2018.

PAIS, J. M. **Culturas juvenis**. Lisboa: INCM, 1993.

PARANÁ. **MIS – Museu da Imagem e do Som**. Disponível em: <http://www.mis.pr.gov.br/>. Acesso em: 1º jun. 2018.

PEREIRA, D.; BRONZATTO, T. Impeachment põe fim ao ciclo do PT no poder. **Veja**, Brasil, Política, 2 set. 2016. Disponível em: <http://veja.abril.com.br/brasil/impeachment-poe-fim-ao-ciclo-do-pt-no-poder>. Acesso em: 24 maio 2018.

PINSKY, C. B. (Org.). **Fontes históricas**. 2. ed. São Paulo: Contexto, 2006.

PINSKY, C. B. (Org.). **Novos temas nas aulas de história**. São Paulo: Contexto, 2009.

PUREBREAK. **Kéfera Buchmann tem apenas 22 anos de idade e possui mais de seis milhões de inscritos em seu canal do YouTube, o recorde nacional**. Disponível em: <http://www.purebreak.com.br/midia/kefera-buchmann-tem-apenas-22-anos-de-103270.html>. Acesso em: 23 maio 2018.

RAMAL, A. Sala de aula invertida: a educação do futuro. G1, 28 abr. 2015. Disponível em: <http://g1.globo.com/educacao/blog/andrea-ramal/post/sala-de-aula-invertida-educacao-do-futuro.html>. Acesso em: 23 maio 2018.

REGUILLO, R. Las culturas juveniles: un campo de estudio; breve agenda para la discusión. In: FÁVERO, O. et al. (Org.). **Juventude e contemporaneidade**. Brasília: Unesco; MEC; Anped, 2007. p. 47-72. (Coleção Educação para Todos, 16). Disponível em: <http://portal.mec.gov.br/index.php?option=com_docman&view=download&alias=648-vol16juvcont-elet-pdf&category_slug=documentos-pdf&Itemid=30192>. Acesso em: 23 maio 2018.

REVISTA GESTÃO EDUCACIONAL. **Didáticas inovadoras para as novas gerações**. Todos pela Educação, 4 fev. 2014. Disponível em: <http://www.todospelaeducacao.org.br/educacao-na-midia/indice/29497/didaticas-inovadoras-para-as-novas-geracoes/>. Acesso em: 24 maio 2018.

RIO DE JANEIRO. **MIS – Museu da Imagem e do Som**. Disponível em: <http://www.mis.rj.gov.br/>. Acesso em: 24 maio 2018.

ROSENSTONE, R. A. **A história nos filmes, os filmes na história**. Tradução de Marcello Lino. São Paulo: Paz e Terra, 2010.

ROSENSTONE, R. A. (Ed.). **Revisioning History**: Film and the Construction of a New Past. New Jersey: Princeton University Press, 1995.

RÜSEN, J. Didática da História: passado, presente e perspectivas a partir do caso alemão. **Práxis Educativa**, Ponta Grossa, v. 1, n. 2, p. 7-16, jul./dez. 2006. Disponível em: <http://www.revistas2.uepg.br/index.php/praxiseducativa/article/view/279/285>. Acesso em: 1º jun. 2018.

RÜSEN, J. O livro didático ideal. In: SCHMIDT, M. A.; BARCA, I.; MARTINS, E. de R. (Org.). **Jörn Rüsen e o ensino de história**. Curitiba: UFPR, 2010. p. 109-128.

SALVATICI, S. Memórias de gênero: reflexões sobre a história oral de mulheres. **História Oral**, v. 8, n. 1, p. 29-42, jan./jun. 2005. Disponível em: <http://revista.historiaoral.org.br/index.php?journal=rho&page=article&op=view&path%5B%5D=114&path%5B%5D=109>. Acesso em: 1º jun. 2018.

SÃO PAULO. **MIS – Museu da Imagem e do Som**. Disponível em: <http://www.mis-sp.org.br/>. Acesso em: 1º jun. 2018.

SÃO PAULO. Secretaria da Cultura do Estado de São Paulo. **Museu da Língua Portuguesa**. Disponível em: <http://www.museudalinguaportuguesa.org.br>. Acesso em: 1º jan. 2018.

SAVIANI, D. **Escola e democracia**. 24. ed. São Paulo: Cortez, 1991.

SCACHETTI, A. L.; CAMILO, C. Construtivismo na prática. **Nova Escola**, 1º ago. 2015. Disponível em: <https://novaescola.org.br/conteudo/3428/construtivismo-na-pratica>. Acesso em: 23 maio 2018.

SCHATZ, T. **O gênio do sistema**: a era dos estúdios em Hollywood. São Paulo: Companhia das Letras, 1991.

SCHMIDT, B. B. Construindo biografias... historiadores e jornalistas: aproximações e afastamentos. **Revista Estudos Históricos**, Rio de Janeiro, v. 10, n. 19, p. 3-21, 1997. Disponível em: <http://bibliotecadigital.fgv.br/ojs/index.php/reh/article/view/2040/1179>. Acesso em: 1º jun. 2018.

SCHMIDT, B. B. Quando o historiador espia pelo buraco da fechadura: biografia e ética. **Revista História**, São Paulo, v. 33, n. 1, p. 124-144, jan./jun. 2014. Disponível em: <http://www.scielo.br/pdf/his/v33n1/08.pdf>. Acesso em: 1º jun. 2018.

SCHMIDT, I. A. John Dewey e a educação para uma sociedade democrática. **Revista Contexto & Educação**, v. 24, n. 82, p. 135-154, jul./dez. 2009. Disponível em: <https://www.revistas.unijui.edu.br/index.php/contextoeducacao/article/view/1016>. Acesso em: 1º jun. 2018.

SCHMIDT, M. A.; BARCA, I.; MARTINS, E. de R. **Jörn Rüsen e o ensino de história**. Curitiba: UFPR, 2010.

SHORT, K. R. M. (Ed.). **Feature Films as History**. Knoxville: University of Tennessee Press, 1981.

SILVA, K. V. Biografias. In: PINSKY, C. B. (Org.). **Novos temas nas aulas de história**. São Paulo: Contexto, 2009. p. 13-28.

SILVA, M.; RAMOS, A. F. **Ver história**: o ensino vai aos filmes. São Paulo: Hucitec, 2011.

SILVA, T. G. da. **Dirigido por Martin Scorsese:** um estudo comparativo de Taxi Driver, Os Infiltrados e seus contextos de produção. 217 f. Dissertação (Mestrado em História Comparada) – Universidade Federal do Rio de Janeiro, Rio de Janeiro, 2014. Disponível em: <http://www.ppghc.historia.ufrj.br/index.php/teses-e-dissertacoes/teses-e-dissertacoes/dissertacoes/198-dirigido-por-martin-scorsese-um-estudo-comparativo-de-taxi-driver-os-infiltrados-e-seus-contextos-de-producao/file>. Acesso em: 1º jun. 2018.

SORLIN, P. The Cinema: American Weapon for the Cold War. **Film History: an International Journal**, New Jersey, v. 10, n. 3, p. 375-381, 1998.

THEODORO, J. Educação para um mundo em transformação. In: KARNAL, L. (Org.). **História na sala de aula:** conceitos, práticas e propostas. 5. ed. São Paulo: Contexto, 2008. p. 49-56.

THOMPSON, E. P. Educação e experiência. In: THOMPSON, E. P. **Os românticos:** a Inglaterra na era revolucionária. Tradução de Sérgio Moraes Rêgo Reis. Rio de Janeiro: Civilização Brasileira, 2002.

TROVÃO, F. **O exército inútil de Robert Altman:** cinema e política. São Paulo: Anadarco, 2012.

TROVÃO, F. Os filmes na escola: como trabalhar com o cinema na educação básica. In: ALVES, F.; CARVALHO, M.; ESTRADA, A. **Desenvolvimento da educação básica:** desafios contemporâneos. Curitiba: CRV, 2015. p. 71-84.

TROVÃO, F. Sala de aula, sala de projeção: a relação cinema e ensino de história. SIMPÓSIO NACIONAL DE HISTÓRIA, 27., 2013, Natal. **Anais...** Natal: ANPUH, 2013. Disponível em: <http://www.snh2013.anpuh.org/resources/anais/27/1364867182_ARQUIVO_Anpu2013.pdf>. Acesso em: 1º jun. 2018.

VASCONCELLOS, C. dos S. **Planejamento:** projeto de ensino--aprendizagem e projeto político-pedagógico – elementos metodológicos para elaboração e realização. 10. ed. São Paulo: Libertad, 2002. (Cadernos Pedagógicos do Libertad, v. 1).

XAVIER, I. **Sétima arte:** um culto moderno. São Paulo: Perspectiva, 1985. (Coleção Debates).

Bibliografia comentada

ABREU, M.; SOIHET, R.; GONTIJO, R. (Org.). **Cultura política e leituras do passado:** historiografia e ensino de história. Rio de Janeiro: Civilização Brasileira/Faperj, 2007.

A obra foi organizada pelas historiadoras Martha Abreu, Rachel Soihet e Rebeca Gontijo e é composta por 23 ensaios e dividida em 5 partes. Na primeira parte, "Política, história e memória", os artigos de Angela de Castro Gomes, referência brasileira na temática sobre memória e História, e do também relevante pesquisador Manoel Luiz Salgado Guimarães merecem destaque. Com grande embasamento teórico e metodológico, utilizam os conceitos de cultura histórica, cultura política, memória e usos do passado para desenvolver suas análises. A (re)valorização da memória, a sobrevalorização do testemunho e o "retorno do eu"; a subjetividade nas narrativas como legitimadoras de discursos e verdades individuais são questões não desconsideradas no tratamento da temática. Os autores discutem e apresentam, partindo de suas pesquisas, como as sociedades humanas constroem, no transcurso do tempo, representações do passado.

BARBOSA, C. A. S. **A fotografia a serviço de Clio:** uma interpretação da história visual da Revolução Mexicana (1900-1940). São Paulo: Unesp, 2006.

O historiador Carlos Alberto Barbosa desenvolve uma primorosa análise sobre a fotografia como fonte e objeto de análise. Entre outros objetivos, o pesquisador descontrói a imagem vinculada ao senso comum que entende a fotografia como um instantâneo da realidade. Faz toda a análise usando como pano de fundo aspectos relacionados à Revolução Mexicana. O objeto de estudo é o álbum *História Gráfica de la Revolución Mexicana*, organizado por Gustavo Cassola, lançado em fascículos na década de 1940 e reeditado em 1960 e em 1973.

O livro estuda como foram representados os protagonistas revolucionários, seus líderes e classes populares, como foi elaborada a imagem do poder político, uma visualidade do social, e como se constituiu uma imagem da Revolução Mexicana. Além disso, explica a dinâmica entre a formação do Estado e a política de elaboração da representação visual, bem como a aproximação entre cultura e poder, por meio de rituais, ações simbólicas, representação e construção do imaginário social.

BITTENCOURT, C. M. F. **Ensino de história:** fundamentos e métodos. 4. ed. São Paulo: Cortez, 2011.

Obra de referência nos estudos do ensino de História, em que a historiadora da Faculdade de Educação da Universidade de São Paulo (USP), professora Circe Bittencourt, faz uma grande síntese dos principais temas e problemáticas que envolvem o ensino da História. No capítulo 3, da Parte III, há uma importante discussão sobre o uso dos documentos não escritos em sala de aula, com destaque para o cinema e outros materiais.

BITTENCOURT, C. (Org.). **O saber histórico na sala de aula**. 5. ed. São Paulo: Contexto, 2001. (Repensando o Ensino).

Essa obra é um clássico quando se trata do cotidiano de professores e das dificuldades de estudantes para estabelecer relações com os tempos históricos. Reúne um grupo de especialistas que discute propostas curriculares relacionadas à área de História; as relações entre História, política e ensino; a formação do professor de História e o cotidiano da sala de aula. A segunda parte da obra dedica-se a discutir diferentes fontes e linguagens: livro didático e imagens; museus; uso e consumo de imagens; memória e ensino de História; televisão como documento e filmes. Indispensável na biblioteca de estudantes e professores da área de História.

BRASIL. Lei n. 9.394, de 20 de dezembro de 1996. **Diário Oficial da União**, Poder Legislativo, Brasília, DF, 23 dez. 1996. Disponível em: <http://www.planalto.gov.br/ccivil_03/leis/L9394.htm>. Acesso em: 12 dez. 2023.

Documento que determina todas as diretrizes da educação nacional, norteando os princípios que abrangem a educação e os deveres do Estado e disciplinando a educação escolar, os princípios e os fins da educação.

BRASIL. Ministério da Educação. Secretaria de Educação Básica. Conselho Nacional de Educação. **Base Nacional Comum Curricular:** educação é a base. Disponível em: <http://basenacionalcomum.mec.gov.br/images/BNCC_EI_EF_110518_versaofinal_site.pdf>. Acesso em: 12 dez. 2023.

Trata-se da proposta de reforma educacional que propõe uma base curricular comum a ser utilizada em todo o território nacional. Baseando-se nesse documento, os professores, em conjunto com suas instituições, deverão reformular seus currículos a fim de atender às diretrizes da base. Leitura obrigatória a todos os profissionais da educação.

FERRO, M. **Cinema e história.** Tradução de Flávia Nascimento. São Paulo: Paz e Terra, 2010.

Obra de referência para os estudos de Cinema e História em que o historiador francês Marc Ferro apresenta as várias interfaces entre as duas áreas do saber. Dentre os textos, destaca-se o ensaio "O filme: uma contra-análise da sociedade", verdadeira aula sobre as possibilidades de uso dos filmes pelos historiadores.

MCTIGHE, J.; THOMAS, R. S. Backward Design for Forward Action. **Educational Leadership**, v. 60, n. 5, p. 52-55, Feb. 2003. Disponível em: <https://www.ascd.org/el/articles/backward-design-for-forward-action>. Acesso em: 12 dez. 2023.

Nesse artigo, os autores discutem o uso do método *backward design* e seus resultados. Leitura conveniente para o professor que deseja saber, de forma minuciosa, como aplicar o método em sala de aula.

MORÁN, J. Mudando a educação com metodologias ativas. In: SOUZA, C. A. de; MORALES, O. E. T. (Org.). **Convergências midiáticas, educação e cidadania:** aproximações jovens. Ponta Grossa: Foca Foto-Proex/UEPG, 2015. p. 15-33. (Coleção Mídias Contemporâneas, v. 2). Disponível em: <https://moran.eca.usp.br/wp-content/uploads/2013/12/mudando_moran.pdf>. Acesso em: 12 dez. 2023.

Nesse artigo, o autor discute como o uso de metodologias ativas em sala de aula pode modificar os resultados de aprendizagem. O autor procura demonstrar a importância de as escolas se inserirem em novos modelos de ensino e oferece possibilidades adequadas a diferentes instituições no que se refere à quantidade de recursos disponíveis, buscando, assim, demonstrar que o uso de tais metodologias pode ser acessível a qualquer escola.

NAPOLITANO, M. **Como usar o cinema na sala de aula.** São Paulo: Contexto, 2004.

Obra escrita pelo historiador e professor da Universidade de São Paulo (USP) Marcos Napolitano, que aborda os usos do cinema na educação e suas metodologias e sugere atividades para as diversas áreas do conhecimento.

PINSKY, C. B. (Org.). **Fontes históricas**. 2. ed. São Paulo: Contexto, 2006.

Essa é uma obra para quem deseja trabalhar com pesquisa, adentrar aos arquivos, ouvir depoimentos, manusear documentos, analisar vestígios da cultura material ou simbólica, decifrar impressos ou audiovisuais em busca das experiências dos nossos antepassados. Os capítulos são escritos por pesquisadores que têm larga experiência e domínio das fontes das quais se incumbiram de tratar (documentais: arquivos; fontes arqueológicas: cultura material; fontes impressas: jornais e revistas; fontes orais: depoimentos/entrevistas; fontes biográficas e audiovisuais). Além da discussão teórica e metodológica, ao final de cada capítulo os autores dão dicas de como pesquisadores, professores e aspirantes podem fazer uso das fontes analisadas.

PINSKY, C. B. (Org.). **Novos temas nas aulas de história**.
São Paulo: Contexto, 2009.

A coletânea reúne textos de especialistas da área de História que se dedicam ao estudo sistemático de fontes como as que foram tratadas na presente obra. São abordados assuntos como meio ambiente, relações de gênero, direitos humanos, biografias, cultura, alimentação, corpo, História regional, ciência e tecnologia, meio ambiente e História integrada. Todo os autores buscam responder sobre a importância do tema; dão cuidadoso tratamento teórico e metodológico às fontes e aos temas; fazem sugestões de trabalho em sala de aula;

comentam obras e leituras que podem ser usadas por professores para aprimorar suas aulas; falam de materiais didáticos alternativos (romances, *sites*, filmes etc.) que ajudam a ilustrar o estudo do tema.

SAVIANI, D. **Escola e democracia**. 24. ed. São Paulo: Cortez, 1991.

Nesta obra, Saviani analisa as principais teorias educacionais, buscando articular o trabalho desenvolvido nas escolas com o processo de democratização da sociedade brasileira. Ao longo da obra, o autor discute a marginalidade da escola latino-americana e demonstra que essa condição não foi resolvida por nenhuma teoria educacional até o momento.

VASCONCELLOS, C. dos S. **Planejamento**: projeto de ensino-aprendizagem e projeto político-pedagógico – elementos metodológicos para elaboração e realização. 10. ed. São Paulo: Libertad, 2002. (Cadernos Pedagógicos do Libertad, v. 1).

Neste livro, o autor discute demoradamente projetos de ensino-aprendizagem e suas diversas formas, bem como a elaboração e a importância de se colocar em prática o Projeto Político-Pedagógico (PPP).

Respostas

Capítulo 1

Atividades de autoavaliação
1. b
2. c
3. b
4. d
5. c

Atividades de aprendizagem

Questões para reflexão
1. Em sua resposta, espera-se seja apontado o fato de que, no mundo atual, as grandes mudanças proporcionadas pelo avanço tecnológico e pela velocidade de informações faz com que a escola assimile em sua prática novas tecnologias e um novo ambiente de aprendizagem, que vá de encontro às demandas do século XXI e que forme indivíduos autônomos e criativos. Para tanto, será necessário "mexer na organização de tudo o que envolve as formas de ensinar e do aluno aprender:

as metodologias de ensino, a ampliação de múltiplos espaços e tempos, com a presença das tecnologias digitais no cotidiano e na sala de aula".

2. a) O professor deve indicar aos alunos a leitura de conteúdos básicos antes da aula, como vídeos, textos, arquivos de áudio, games e outros recursos. Após essa indicação, na aula seguinte, o professor aprofunda o aprendizado com exercícios, estudos de caso e conteúdos complementares. Na sequência, esclarece dúvidas e promove uma discussão sobre o que foi aprendido entre a turma. Após essa aula, o aluno pode fixar o que aprendeu fazendo atividades como trabalhos em grupo, resumos e intercâmbios no ambiente virtual de aprendizagem. Durante o processo, o professor aplica "avaliações para verificar se o aluno leu os materiais indicados, se é capaz de aplicar conceitos e se desenvolveu as competências esperadas", como afirmado no texto de referência para esta resposta.

b) O texto aponta resultados obtidos com esse método em importantes universidades internacionais: em Harvard, alunos inscritos em aulas invertidas "obtiveram ganhos de até 79% a mais na aprendizagem do que os que cursaram o ensino tradicional". Na Universidade de Michigan, um os alunos aprenderam em menos tempo.

Atividade aplicada: prática

1. Para elaborar um plano anual, o estudante deve:
   - escolher um ano específico do ensino fundamental 2;
   - acessar o *site* do MEC e consultar as indicações curriculares da Base Nacional Curricular Comum a fim de indicar os conteúdos e competências que serão trabalhados ao longo do ano (http://basenacionalcomum.mec.gov.br/);

- construir seu plano anual, utilizando como modelo o mesmo que consta nesse capítulo.

Capítulo 2

Atividades de autoavaliação

1. e
2. c
3. e
4. a
5. c

Atividades de aprendizagem

Questões para reflexão

1. A análise de uma pintura e de um poema pode servir de estímulo para que sejam discutidos diversos aspectos tocantes às duas manifestações artísticas. Os discentes devem pesquisar sobre os autores e o contexto histórico no qual as obras foram produzidas e estabelecer comparações com o presente, procurando identificar mudanças e permanências. Pode ser destacado o posicionamento do autor diante da temática de que trata a obra (denúncia, combate, defesa, exaltação etc.).
2. A ideia da atividade é discutir o discurso de "verdade" contido nos meios impressos. Ao propor dois textos de órgãos distintos, com perspectivas político-ideológicas claramente distantes, busca-se levar os discentes a refletirem sobre a necessidade de acessar e comparar diferentes fontes para compor uma opinião sobre temas e fatos, considerando, sobretudo, interesses em jogo, anunciantes, público ao qual a publicação é destinada, entre outras questões propostas no texto.

Atividade aplicada: prática
1. Resposta pessoal.

Capítulo 3

Atividades de autoavaliação
1. d
2. c
3. b
4. d
5. c

Atividades de aprendizagem

Questões para reflexão
1. Espera-se que o estudante ressalte situações em que o uso de celular em sala de aula seja um aliado do professor e situações em que esse uso deva ser proibido. Finalmente, o estudante deverá expressar seu ponto de vista sobre a questão, justificando-o.
2. Espera-se que o estudante seja capaz de compreender o uso incorreto do vídeo quando fora do contexto didático e pedagógico, como também o uso excessivo desse recurso. Ao final, espera-se que faça a sugestão do uso dos filmes em aula, podendo, para tanto, utilizar-se de filmes que já conhece e que problematizem as questões históricas possíveis de serem trabalhadas.

Atividade aplicada: prática
1. Espera-se que o estudante sistematize as principais informações desenvolvidas ao longo do capítulo na forma de um quadro resumo, conforme sugerido na atividade. Todas as informações

necessárias para seu preenchimento encontram-se no decorrer do capítulo. Dessa forma, a atividade atua também como revisão dos pontos mais importantes do conteúdo ministrado.

Capítulo 4
Atividades de autoavaliação
1. b
2. d
3. c
4. a
5. e

Atividades de aprendizagem

Questões para reflexão
1. Nessa resposta, o desafio proposto é que o estudante organize as informações como o texto-base e comandos das questões. É fundamental que consiga articular as três diferentes questões pertinentes ao texto indicado. Por fim, indicar o recorte do conteúdo que seria contemplado nas questões propostas. A capacidade de formular questões claras relacionadas aos conteúdos trabalhados é uma prática necessária para o estudante de licenciatura e que será parte fundamental de seu cotidiano na escola.
2. Essa questão traz a prática de estabelecer relações entre diferentes fontes, portanto é importante indicar com clareza cada fonte utilizada. As fontes podem ser de diferentes origens, mas tratar de um mesmo tema. Podem ainda ser de diferentes suportes (texto, bibliografia específica, letra de música, trecho de literatura, poema, imagem, fotografia ou obra de arte). Da

mesma forma, é preciso indicar quais as relações entre as diferentes fontes.

Atividade aplicada: prática

1. O texto indica a tensão entre as Cortes Portuguesas e Dom Pedro na condição de Príncipe Regente do Brasil em 1821. Assim, é possível a partir desse texto-base para trabalhar com o conteúdo da Independência do Brasil e o contexto em que esse evento ocorreu. Também é possível estabelecer relações entre a Monarquia Constitucional Portuguesa que surgiu na Revolução do Porto e a ideia de "ruptura conservadora" que é indicada pelos historiadores brasileiros. Sugestões de perguntas que podem ser feitas:
   - A qual período da história do Brasil esse texto faz referência? Justifique.
   - Qual foi a reação de Dom Pedro diante das exigências das Corte Portuguesa?
   - Por que a reação de Dom Pedro é considerada um retrocesso em termos políticos?
   - Por que se afirma que a pressão das Cortes Portuguesas acabou por acelerar o processo de Independência do Brasil?

Sobre os autores

Carla Viviane Paulino é pós-doutora em Educação pela Universidade Federal de Mato Grosso (UFMT), *campus* Rondonópolis; doutora e mestre em História Social pela Universidade de São Paulo (USP); historiadora, bacharelada e licenciada em História pela Universidade Metodista de Piracicaba (Unimep). Atua como professora dos ensinos fundamental II e médio, da graduação e da pós-graduação na rede privada de ensino.

Romilda Costa Motta é doutora e mestre em História Social pela Universidade de São Paulo (USP); historiadora, bacharelada e licenciada em História pela mesma instituição. Atua como docente no Centro Universitário Adventista de São Paulo (Unasp) e como coordenadora do Núcleo de Diversidade Étnico-Racial nessa instituição.

Flávio Vilas-Bôas Trovão é doutor em História Social pela Universidade de São Paulo (USP); mestre em História Social pela Universidade Federal do Paraná (UFPR) e licenciado em História pela mesma instituição. Atua como professor no curso de História da Universidade Federal de Rondonópolis (UFR) e no Mestrado Profissional em

Ensino de História (Profhistoria) da Universidade Federal de Mato Grosso (UFMT).

Maurício Fonseca da Paz é mestre em Ensino de História pelo Programa de Pós-Graduação em Ensino de História (ProfHistória) da Universidade Federal do Paraná (UFPR); especialista em Relações Internacionais e Diplomacia pela Universidade Positivo (UP) e em História do Brasil pela Universidade Federal de Pelotas (UFPel); e licenciado em História também pela UFPel. Atua como professor de História na rede privada de ensino.

Os papéis utilizados neste livro, certificados por instituições ambientais competentes, são recicláveis, provenientes de fontes renováveis e, portanto, um meio **respons**ável e natural de informação e conhecimento.

FSC
www.fsc.org
MISTO
Papel | Apoiando
o manejo florestal
responsável
FSC® C103535

Impressão: Reproset